教育部人文社会科学重点研究基地重庆工商大学长江上游经济研究中心
"三峡库区百万移民安稳致富国家战略"服务国家特殊需求博士人才培养项目
金融学国家一流专业建设项目

U0517487

农民合作社
内部信用合作
治理—风险—绩效研究

田 杰　李佩哲　尤德豪 ◎ 著

中国财经出版传媒集团
经济科学出版社
Economic Science Press

图书在版编目（CIP）数据

农民合作社内部信用合作治理—风险—绩效研究／田杰，李佩哲，尤德豪著 . —北京：经济科学出版社，2021.4

ISBN 978 - 7 - 5218 - 2498 - 8

Ⅰ. ①农…　Ⅱ. ①田…　②李…　③尤…　Ⅲ. ①农业合作社 - 风险管理 - 研究　Ⅳ. ①F306.4

中国版本图书馆 CIP 数据核字（2021）第 070875 号

责任编辑：李　军　谭志军
责任校对：王肖楠
责任印制：范　艳　张佳裕

农民合作社内部信用合作治理—风险—绩效研究
nongmin hezuoshe neibu xinyong hezuo zhili – fengxian – jixiao yanjiu
田　杰　李佩哲　尤德豪　著
经济科学出版社出版、发行　新华书店经销
社址：北京市海淀区阜成路甲 28 号　邮编：100142
总编部电话：010 - 88191217　发行部电话：010 - 88191522
网址：www. esp. com. cn
电子邮箱：esp@ esp. com. cn
天猫网店：经济科学出版社旗舰店
网址：http://jjkxcbs. tmall. com
固安华明印业有限公司印装
710 × 1000　16 开　12.75 印张　210000 字
2021 年 7 月第 1 版　2021 年 7 月第 1 次印刷
ISBN 978 - 7 - 5218 - 2498 - 8　定价：56.00 元
（图书出现印装问题，本社负责调换。电话：010 - 88191510）
（版权所有　侵权必究　打击盗版　举报热线：010 - 88191661
QQ: 2242791300　营销中心电话：010 - 88191537
电子邮箱：dbts@ esp. com. cn）

前　言

　　2019 年中国人民银行等五部委联合发布《关于金融服务乡村振兴的指导意见》，进一步强调了发展农村合作金融对实施乡村振兴战略的重要性。但实践中，我国多年的信用合作一直处于探索中，作为金融支农主力军的农村信用社已经"去合作化"。自 2008 年开始的新型农村合作金融探索由于其内外部治理机制不规范导致风险频发。日本农协和韩国的信用合作模式被公认为是亚洲农村信用合作成功案例的典范。那么，其信用合作是如何通过内外部治理机制的设计防控风险并实现可持续发展的？其背后隐藏的深层次逻辑原理又是什么？我国历史上信用合作探索的经验教训是什么？我国当前合作社内部信用合作的治理是否能实现风险防控？不同模式合作社内部信用合作治理—风险—绩效的内在机理是什么？

　　首先，本书运用经典的剩余控制权理论，分析日本农协和韩国农协内部信用合作风险防控的治理机制设计。研究表明：日本农协和韩国农协内部开展信用合作成功的原因在于，政府层面建立相应的保障支持体系和监管体系，实现了投入与控制的相匹配，基层农协信用合作通过社员的资格认定及管理、农协总会实行民主治理等完善具体的治理设计有效实施剩余控制权，并通过相匹配的社员剩余索取权分配，实现了信用合作的有效运作。而我国开展信用合作的经验教训在于，外部的政府投入和内部成员的投入与其剩余控制权、索取权获取不匹配，且治理设计未能保障剩余控制权、索取权的有效实施。

　　其次，本书运用合作社内部信用合作治理与风险防控理论及剩余控制权理论来剖析合作社内部信用合作的治理对风险和绩效的影响，并用监督效率模型比较分析四个典型模式的治理—风险—绩效之间的内在机理。研究表明：从外部治理看，四个典型模式中，政府都对合作社内部信用合作投入了信用背书，但是地方政府没有明确的监管部门，投入与控制不匹配，存在潜在的风险。从内部治理来看：

（1）"社员股金＋合作资金"模式是理事长责任制，理事长享有合作社大部分剩余控制权，合作社的收益大部分也会分配给理事长。由于理事长掌握了社员的各种信息，能够在一定范围内有效防范风险，所以由理事长直接监督是最有效的监督形式。根据直接监督效率模型得出，理事长拥有的专有性资源降低了原本需要的抵押品，进而合作社的规模增加。治理机制的实施效果比较突出，2017 年累计发放贷款达到 3 000 多万元。由于理事长能力只能在一定范围内发挥作用，主要针对对象是没有较大贷款需求且有坚实产业基础的小型农户。存在的主要问题是没有对理事长进行监督和约束。

（2）"社员股金＋银行资金"模式是社员之间担保互助，也就是社员相互监督，在发生风险时，负责担保的社员承担贷款社员的责任，同时可以获得抵押品，作为监督主体的社员的剩余控制权与剩余索取权是相匹配的。由于社员间非常熟悉，彼此互相信任，设置社员互相担保的机制可以强化社员间的相互监督，保证贷款的安全性。根据同组监督效率模型得出，社员间的同组监督降低了本来需要的抵押品，进而合作社内部信用合作的发展规模增加，治理机制的实施效果明显，2017 年，累计发放贷款已经达到 2 000 多万元。由于这种模式需要多个社员间的相互担保，需要社员彼此熟悉，主要针对贷款需求较大的种养大户。主要存在的问题是未设置对违约社员的惩罚机制。

（3）"供销社"模式以供销社为主体监督管理其他信用合作社，供销社出资控股内部的信用合作，掌握了内部信用合作的大部分剩余控制权；另外，供销社内部信用合作理事长个人参股供销社，双向参股可以保证彼此互相牵制。供销社内部信用合作相当于一个信息平台，供销社作为投资平台，由于供销社掌握了社员生产销售信息，可以有效地防控风险，是纯粹代理监督的形式。根据代理监督效率模型得出，供销社通过对信用合作社社员生产销售的信息掌控降低社员本来需要的抵押品，进而供销合作社内部信用合作的规模增加。治理机制实施效果比较好，2017 年，累计发放贷款已经达到 14 亿元。由于供销社对农户的生产信息掌控较好，可以有效防范风险，适合大部分农户。

（4）"财政资金＋合作股金＋银行资金"模式是联合社和银行共同监督管理其他合作社，把中央财政资金作为联合社内部信用合作的风险资金池，发生违约后先由风险资金池支付，之后联合社和银行共同补齐资金池；追回的资金则先补足银行付出的资金。联合社和银行共同掌握剩余控制权，联合社贷前对社员进行信用评级，银行在贷后对社员进行监督管理；县财政会给予联合社担保额度一定的补贴，给予银行贷款额度一定的贴息，来保证联合社和银行的剩余索取权，是传统意义上的代理监督。根据代理监督效率模型得出，由银行和联合社共同监督管理下，抵押品相比较只有供销社监督时又进一步地减少，合作社的运行规模增加。治理机制运行效果比较好，在 2017 年，累计发放贷款已经达到 8 亿元。由于这种模式涵盖的其他服务较多，整体运行规模较大，需要庞大的资金，适合比较发达的地区。

最后，本书提出了相应的对策建议：第一，政府的投入与控制权相匹配。地方政府应明确监管主体；用法律保障替代态度支持；将合作社作为政府政策传导的重要抓手；建立内部审计监察制度。第二，合作社内部信用合作剩余控制权与剩余索取权相匹配。加强对合作社内部信用合作掌握剩余控制权主体的监管和激励；允许合作社自主、分层次、分阶段、差别化发展信用合作；完善合作社内部信用合作风险防控措施。

本书的创新点主要有：本书运用经典的剩余控制权理论，分析日本农协和韩国农协内部信用合作风险防控的治理机制设计。通过对日本农协和韩国农协内部开展信用合作的成功经验及我国开展信用合作的经验教训分析，验证了剩余控制权与索取权相匹配理论在信用合作组织治理研究中的适用性；运用合作社内部信用合作治理与风险防控理论及剩余控制权理论来分析合作社内部信用合作的治理对其风险和绩效的影响；用监督效率模型分析四个典型模式的治理—风险—绩效之间的内在机理，从而为设计治理机制实现不同模式信用合作的稳健发展提供了理论指导。

田　杰

2021 年 2 月

目　录

第1章

引 言

1.1 研究背景

我国多年的信用合作一直处于探索之中,作为金融支农主力军的农村信用社已经"去合作化"。由于在农民专业合作社基础上开展信用合作能有效保持其合作金融的特性,不发生组织性质的变异和保证其可持续性发展。因此,自2008 年以来在中央相关政策的支持下,农民合作社内部信用合作得到了极大发展,开展内部信用合作的农民合作社已有 1 万多家,然而由于其内部风控制度不规范及外部监管缺位,导致其发展中隐藏了极大的风险,少部分农民合作社内部信用合作甚至出现非法集资、挤兑、跑路等不良现象,严重影响了我国农村合作金融事业的发展(见表 1 - 1)。"山东模式"作为官方的全国信用合作试点,开展得也不是很顺利,截至 2019 年 7 月,全省 444 家试点的合作社内部信用合作,有 201 家没有开展实质性的互助业务①。政府的过度监管是导致山东模式发展不起来的原因,所以研究清楚农民合作社内部信用合作的治理—风险—绩效的内在机理是解决这一问题的关键。

表 1 - 1 合作社内部信用合作风险事件

时间	事件	损失	主要原因	资料来源
2014 年 4 月	河北省邯郸市伟光蔬菜种植专业合作社关门跑路	涉及资金 1.4亿元	无限制吸股,缺乏产业基础	邯郸伟光合作社敛收 10 万农户上亿元后突然倒闭,2014 - 04 - 01

---

① 问政山东. 新型农村合作金融试点有的成了空壳局长:设计上存在缺陷 [R/OL]. (2019 - 7 - 18).

续表

时间	事件	损失	主要原因	资料来源
2014 年 7 月	河北省邯郸市正信合作社非法集资	涉及资金 1.24 亿元	承诺高息，存在吸储行为	河北多家农村合作社跑路村民称利息是银行 5 倍，2014 - 07 - 01
2014 年 12 月	河北省邢台市三地农民专业合作社非法集资	涉及 3.6 万农户，12 亿元资金	以高额利息为回报，押钱领取农资、等手段诱使农户入社	河北三地合作社庞氏骗局：涉嫌非法集资 80 亿元，2015 - 11 - 18
2015 年 8 月	山东省菏泽市富邦农业种植专业合作社法人跑路	涉及资金 3 000 多万元	无限制吸股	中金网."富邦"农合社幕后老板卷款跑路 非法集资 3000 余万元，2015 - 08 - 18
2016 年 7 月	河北省沧州市寨子谷物种植专业合作社关门跑路	涉及 800 户村民，2 600 万元资金	高息揽储	河北一合作社卷走八百余村民 2600 万元，11 名涉案者已归案，《澎湃新闻》，2016 年 7 月

    2016 年中共中央、国务院发布《关于落实发展新理念　加快农业现代化实现全面小康目标的若干意见》及《推进普惠金融发展规划（2016 - 2020 年)》提出扩大农民合作社内部信用合作试点范围，健全风险防控化解机制，落实地方政府监管责任。农民合作社内部信用合作面临的外部环境治理机制、内部治理机制及风险防控不同于商业银行，不能直接参照大中型商业银行的治理机制及风险防控方法。实践中各地对于农民合作社内部信用合作的风险防控措施、治理设计及政府监管并无明确规定，对合作社内部信用合作的监管缺失或者监管过度，导致其被抑制甚至被封杀，从而严重制约了农村合作金融的发展。2018 年 2 月 5 日，国务院新闻办新闻发布厅举行《关于实施乡村振兴战略的意见》新闻发布会，明确指出，"大力发展生产、信用、供销三位一体综合合作"。2019 年中国人民银行等五部委联合发布《关于金融服务乡村振兴的指导意见》，进一步强调了发展农村合作金融对实施乡村振兴战略的重要性（见表1 - 2)。由此可见，政府既想依托农民合作社大力发展合作金融，但又担心由于监管的不到位而发生风险，然而解决这一问题的关键就是研究清楚农民合作社内部信用合作的治理对风险及绩效的影响。农民合作社内部信用合作的治理机制与风险防控具有特殊性，不能直接参照大中型商业银行的治理机制与风险防

控模式，亟须对其风险防控问题结合我国农业现代化改革的背景进行系统、深入研究。

表 1 - 2   **合作社内部信用合作相关政策文件**

时间	文件	主要内容
2008 年	中共十七届三中全会通过的《中共中央关于推进农村改革发展若干重大问题的决定》	允许农村小型金融组织从金融机构融入资金。允许有条件的农民专业合作社开展信用合作
2009 年	《中共中央国务院关于 2009 年促进农业稳定发展农民持续增收的若干意见》	抓紧出台对涉农贷款定向实行税收减免和费用补贴、政策性金融对农业中长期信贷支持、农民专业合作社开展信用合作试点的具体办法
2013 年	《中共中央国务院关于加快发展现代农业进一步增强农村发展活力的若干意见》	在信用评定基础上对示范社开展联合授信，有条件的地方予以贷款贴息，规范合作社开展信用合作
2013 年	中共十八届三中全会通过的《中共中央关于全面深化改革若干重大问题的决定》	允许合作社开展信用合作
2014 年	《关于全面深化农村改革加快推进农业现代化的若干意见》	在农民合作社和供销合作社基础上，培育发展农村合作金融。鼓励地方建立风险补偿基金。有效防范金融风险
2014 年	农业部《关于引导和促进农民合作社规范发展的意见》	农民合作社开展信用合作，必须经有关部门批准，坚持社员制封闭性、促进产业发展等原则。要对信用合作业务单独核算，建立健全内部管理制度
2016 年	《中共中央国务院关于落实发展新理念加快农业现代化实现全面小康目标的若干意见》	扩大在农民合作社内部开展信用合作试点的范围。健全风险防范化解机制。落实地方政府监管责任
2017 年	《中共中央国务院关于深入推进农业供给侧结构性改革加快培育农业农村发展新动能的若干意见》	规范发展农村资金互助组织。严格落实监管主体和责任。开展农民合作社内部信用合作试点，鼓励发展农业互助保险
2019 年	农业农村部《农业农村部办公厅关于征集农民合作社典型案例的通知》	农民合作社创新出资方式、运行机制，开展互助保险内部信用合作、劳务合作，发展生产、供销、信用"三位一体"综合业务合作等形式

资料来源：农业农村部网站，http://www.moa.gov.cn/。

纵观全世界的历史与现实发展，采取民主管理、相互合作的形式建立农村信用合作组织，一直以来都是农村经济发展中的重要资金来源，世界上许多发达国家在本国所开展的农村信用合作实践中，均取得了明显的绩效。作为开展综合农协"东亚模式"的代表日本农协和韩国农协,其内部所开展的信用合作事业取得了突出的效果,其发展的模式也十分符合习近平总书记在浙江省主政期间所提出的生产、信用、供销"三位一体"的农业发展模式①。作为被公认为是亚洲农村信用合作成功典范的日本和韩国的信用合作模式,其内部信用合作是如何通过内外部治理机制的设计防控风险并实现可持续发展的?其背后隐藏的深层次逻辑原理又是什么?我国历史上信用合作实践探索的经验教训是什么?我国当前不同模式合作社内部信用合作的治理是如何实现风险防控及影响绩效提升的,其内在的机理是什么?

1.2 研究意义

1.2.1 理论意义

首先,本书运用经典的剩余控制权理论,分析日本农协和韩国农协内部信用合作风险防控的治理机制设计。通过对日本农协和韩国农协内部开展信用合作成功及我国开展信用合作教训的原因分析,验证了剩余控制权与索取权相匹配理论在信用合作组织治理研究中的适用性。其次,本书运用合作社内部信用合作治理与风险防控理论及剩余控制权理论,剖析合作社内部信用合作的治理对风险及绩效的影响,并用监督效率模型分析不同模式合作社内部信用合作的治理—风险—绩效之间的内在机理。以上研究从理论和实证两个层面比较全面系统地阐述了合作社内部信用合作治理设计如何影响风险及绩效,为地方监管部门更好地出台监管规则提供了理论依据。

1.2.2 现实意义

首先,本书对日本农协和韩国农协内部开展信用合作成功的原因分析得出,政府层面建立相应的保障支持体系和监管体系实现了投入与控制的相匹

---

① 人民网. 习近平总书记"三农"思想在浙江的形成与实践 [R/OL]. (2018 – 01 – 21). http://cpc. people. com. cn/n1/2018/0121/c64094 – 29776857. html。

配，基层农协信用合作通过完善具体的治理设计有效实施剩余控制权，并通过相匹配的社员剩余索取权分配，实现了信用合作的有效运作。而我国开展信用合作失败的教训在于，外部的政府投入和信用合作内部成员的投入与其剩余控制权、索取权获取不匹配，且治理设计未能保障剩余控制权、索取权的有效实施。这一研究结论为我国信用合作实践提供了借鉴。其次，本书运用合作社内部信用合作治理与风险防控理论及剩余控制权理论，剖析合作社内部信用合作的治理对风险和绩效的影响，并用监督效率模型分析其内在的机理，为监管部门设计更有针对性的治理机制来防控合作社内部信用合作的风险并实现可持续发展提供实践指导。

1.3　国内外文献综述

1.3.1　社会资本观提出的治理设计与风险防控

陈东平等（2013）采用行动者网络理论考察专业合作社、不同专业合作社共同组建内部信用合作组织的成因，研究发现，"征召力"是农民资金互助组织形成机制的核心，与成员间的联系程度、资金供需的匹配程度以及征召者的社会资本大小有关。张德元和潘纬（2016）比较全面地探讨了农民专业合作社内部资金互助行为的社会资本逻辑。研究发现，合作社网络降低了信息不对称及提升了信任等非正式制度，保障了社员资金互助的合作稳定性。社会资本通过"地缘、亲缘和业缘"关系发挥功效。李明贤和周蓉（2018）基于结构洞、强弱关系等社会资本理论，剖析了农民专业合作社社员的社会信任与关系网络对资金互助行为和绩效的影响，研究发现，信任能降低信息不对称，规避风险，促进资金互助业务有序开展，核心社员通过结构洞，联结普通社员，强化资金互助内部治理，促进资金互助业务的提升，其对典型案例的分析验证了以上两个结论。华楚慧和陈东平（2018）以江苏省滨海县樊集资金互助社为例，研究了社会网络、关系契约对农民资金互助组织治理的有效性，研究表明，关系契约治理是农民资金互助组织治理的关键，而关系契约必须在社会网络内才能得到有效治理；社会网络实现了降低成本、控制风险的治理效果；核心社员通过较强的网络联结强度保证了互助社关系契约的治理效果。陈东平和叶森（2019）通过对万叶水产合作社的案例分析，进一步解释了能人领办型合作社内社会资本对信用合作的达成机理。曾红萍和曾凡木（2020）以一个阶段性组合式移民村庄为例，分析移民村庄社会资本与金融互助社治理之间关系。研究进一步证实，丰富的社区社会资本是金融互助社治理有效的社会基础。

1.3.2 民主治理观提出的治理设计与风险防控

所谓民主管理，是指主要依靠"一人一票"的形式来对合作社进行管理。苑鹏（2010）认为民主决策模式首先假定成员是同质性的，主张每个成员都拥有平等的投票权，强调成员的权利来自成员资格，而非来自财产权。具体是指合作社内信用合作设有理事会、监事会、社员代表大会，按照交易额分配收益。但"一人一票"的弊端很明显，它无法将风险、权利、收益对应起来，在成员异质性假定面前，很有可能某个成员手里的"一票"和其能够承担的风险责任是不对应的（刘西川和钟觅琦，2018）。在这方面，民主管理是有其范围和限度的，民主管理不宜与风险管理相冲突。

民主治理会带来以下几个方面的问题："一人一票"会带来委托代理问题，一些社员会把自己的权利委托给其他社员，自己选择不努力，基本上听从其他社员，使成员更愿意"搭便车"，而不是选择付出努力；还会产生的一个问题是普通社员为了维护自己的权利和其他社员联合，与大股东抗衡，会影响到大股东的工作积极性（刘西川和钟觅琦，2018）。

1.3.3 资本观提出的治理设计与风险防控

从已有文献来看，目前的合作金融仍然是根据资本原则进行运行，按照股金来配置和实施剩余控制权，即"非股份制"逻辑是行不通的。资本观前提是成员异质性假定，运行逻辑和大股东模式差不多。大股东模式是指，合作金融组织中最重要的权利——剩余控制权掌握在发起人手中，即在入股、决策和收益分配方面，大股东都占了大头。大股东模式中的"一股一票"有其合理性，即为了解决公平问题，从贡献和风险责任来讲，应给大股东更多的剩余控制权（钟觅琦和刘西川，2018）。

大股东作为资本的主要提供者以及风险的主要承担者，同时掌握了互助社的剩余控制权和剩余索取权，组织的贷款分配由大股东决策，盈余分配以按股分红为主；信贷风险管理所需的初始资本与庞大的熟人社会网络都只有大股东才有能力提供，能够在资金业务中起到吸引成员加入、降低信贷风险的作用。大股东兼具所有权和决策权的制度避免了委托代理问题的出现，降低了代理人成本，包括对管理者的监督成本和因对管理者监督不当造成机会主义行为的成本，提高了决策效率，使组织经营的灵活性提高（钟觅琦和刘西川，2018）。刘西川等（2018）指出，大股东模式有以下几个问题。首先，在对大股东的付出和贡献给予合理回报时，缺少在治理和监督上对其做出约束。其次，即使在制度上设计了对大股东的约束如成员自主退社权，在实践中也是无效的。因为普通成员害怕失去贷款权利，一般不会选择反抗大股东。最后，没有把握好其发挥作用的范围，大股东的社会资本起作用是有范围限制的，至少是在组织成员内部，一旦超过该界限将使大股东获益需求放大，互助社的风险控制与普通成员的利益保护都会产生问题（钟觅琦和刘西川，2018）。

1.3.4　我国信用合作治理与风险防控的研究进展

现有文献对我国信用合作组织的治理机制进行了全面深入的研究，齐良书和李子奈（2009）以史密斯（1981）等构建的互助社社员利益最大化模型为基础，对与农村资金互助社相关的政策问题进行了分析，认为来自政府等外部支持与监管，会加剧资金互助社内不同主体之间的利益矛盾。董晓林（2012）在麦基洛普等（1998）构建的净贷款者利益倾向型、净存款者利益倾向型以及平等对待型模型的基础上，通过采集农村资金互助社的微观数据，判断现阶段中国农村资金互助社的社员利益倾向，研究发现，政府政策中对农村资金互助社存款利率的严格规定，导致了农村资金互助社严重地倾向净借款者的利益。农村资金互助社向净贷款者利益倾向会使其面临缺乏后续互助资金、发展不起来的困境，甚至可能使资金互助社脱离合作金融范畴，发生组织性质的异化。刘西川等（2015）梳理文献后认为，管理者主导与净借款者主导是成员主导型金融组织最突出的两个治理问题，因为对净借款者与管理者没有有效的监督与激励机制，互助金的提供者与其他社员的利益无法得到保护；政府的监管与支持无法平衡不同主体之间的利益，反而还加剧了这一问题。这都会引发流动性风险和内部控制风险。姜妮（2016）通过调查辽宁省合作社内部信用合作试点地区的合作社得出结论，合作社主要存在以下问题：一是社员的入社积极性不高，合作社资金规模有限，农户选择把钱放在银行或者用于其他用途，而不是放在合作社；二是合作社的内部运行不规范，没有设置一定的规章制度；三是风险防控能力弱，组织制度没有建立起来；四是合作社大多处于盲目发展状态，没有规范的发展，对合作社的监管也不到位。陈东平等（2017）在调查旺庄果品专业合作社后认为，基于互联性交易的股份合作制专业合作社能够有效开展信用合作活动，但同时，还出现了"假专业合作社从事信用合作、专业合作社信用合作资金管理缺乏监督"等问题。刘西川和钟觅琦（2018）基于剩余控制权理论，结合山东滕州半阁村开展信用合作的实践案例研究，除了提出合作金融组织剩余控制权的安排设计除"发起人模式"及"民主决策模式"外，可能还存在"分权型模式"，为合作金融组织的治理开辟了新的思路。罗兴和马九杰（2019）认为，支付组织成本和投入专有性资源的金融企业家对金融组织的产生至关重要。许黎莉和陈东平（2019）对农民专业合作社内信用合作激励机制研究表明，有利润共享机制的专业合作社的联合利润增加值更容易满足利益相关者的激励约束，需要修正"不承诺固定收益"条款，以激励资金供给者社员参与信用合作。

少量的文献研究了信用合作组织治理—风险—绩效的关系。赵锦春和包宗顺（2015）基于微观调研数据，首次从实证角度研究了互助金规模对农民资金互助合作社的稳健运行影响。王刚贞（2018）认为对正规资金互助社的监管过于严格，虽然大大地降低了风险发生的可能性，但是过严的监管政策也使其发展缓慢；未得到正规金融牌照的资金互助社发展势头良好，但是由于内部治理机制不完善，又没有相关监管机构的监管，导致经常发生风险事件。聂左玲和汪崇金（2017）对山东试点的专业合作社信用互助后分析认为，监管部门应引导合作社践行合作理念的同时，尊重参与各方的利益关切，特别是对领办主体实施审慎监管，发挥其在信用互助业务中的引领作用。张雷和陈东平（2018）研究发现，借助专业合作社与社员之间已有的生产合作声誉，能有效控制专业合作社内开展信用合作的道德风险。田杰等（2019）认为，山东佳福合作社内部信用合作低的原因有：一是监管部门权责不对等，导致对合作社内部信用合作采取了"一刀切"的刚性治理；二是忽视了投资者和领办主体通过柔性治理管控风险的作用，导致利益分配不合理，社员参与积极性不高。

1.3.5　日本等东亚地区信用合作组织治理的相关研究

中国对日本农协信用合作的文献研究主要集中在运行治理机制和体制改革两个方面。在运行治理机制方面，绝大多数学者都对日本农协的体制框架、职能作用、风险防控方面做了大量的介绍和分析，如胡庆琪（2011）分析了日本农协金融的发展历程、组织模式、制度体系、金融业务、运营特点、制度保障。刘洁等（2013）研究日本农村合作金融体系的内容、功能及运行模式。李萍（2015）详细阐述了日本农村金融体系的运行现状及发展绩效。李巧莎等（2017）分析得出，日本农村合作金融以遍布全国城乡的农协为载体，以服务农业、农民为宗旨，以完善的风险防控制度为基础，为会员提供了全面的金融服务。刘松涛等（2018）认为日本在推动农村金融改革发展中，采取了发展合作金融、完善政策性金融、建立农业信用保证保险、发展农业保险、实施双重宏观审慎监管等措施，绩效明显。江生忠等（2018）认为日本共济制农业保险体系为其农业产业化提供了有效的风险保障。

由于资料收集的困难，少量的文献研究了韩国农协信用合作的治理机制。高强和张照新（2015）比较全面地总结了韩国信用合作运行机制，以农村社区为基站，提供综合性服务；依托三级体系，建立双层经营体制；引入双重监管，构建多层次风险防范制度；区分成员资格，建立分级制度等治理设计保证了其稳健持续运行。庞金波等（2016）认为，韩国农协合作金融事业坚持公益性和非营利性、出台《农协法》、政策支持力度不断加大、注重金融产品创新和风险防范体系建设是其成功的原因。

1.3.6　文献述评

国内外学者对合作金融组织内部治理机制、外部环境治理机制与风险防控问题有一定的研究，并对东亚模式开展信用合作治理成功的原因进行了多方面的分析，以及对我国开展信用合作的历史实践进行了反思。对我国农民合作社内部信用合作的治理机制设计与风险防控问题的研究，在以下两个方面还有待深入：

（1）已有文献从社会资本、民主治理及资本观等层面提出了信用合作组织的治理设计与风险防控，但是实践中仍然不能解决信用合作组织可持续发展面临的困境。大量的文献研究了信用合作组织治理面临的问题，尚未有文献从理论和实践层面比较全面系统地阐述合作社内部信用合作治理—风险—绩效的内在机理。农民合作社内部信用合作在所有权结构、组织规模、高管薪酬及市场环境、法律环境和政府监管等内部治理机制和外部环境治理机制方面都不同于商业银行，需要结合我国农民合作社内部信用合作面临的特殊的内部治理机制和外部环境治理机制，对其风险防控问题进行系统性深层次理论与实践研究。

（2）对东亚模式信用合作治理成功的经验总结缺乏理论层次的分析。虽然多数学者热衷于对日本和韩国信用合作的东亚模式进行经验借鉴研究，但少有学者基于理论层次对其治理成功经验进行总结分析，包括对我国信用合作历史实践治理经验教训的理论分析也较为缺乏。其次，以上文献对日本和韩国信用合作的研究主要集中于对其运行机制与风险控制的概括性的介绍，缺乏对基层农协信用合作治理与风险防控的具体介绍，而会员大会、理事会、监事会的组成、协调及贷款的审核、发放、监控等方面的治理设计介绍，对当前处于信用合作初级阶段的我国来说非常必要。

1.4 研究方法及内容

1.4.1 研究方法

（1）理论分析法。运用剩余控制权理论对信用合作组织的治理安排进行研究是本书的重要研究方法。本书基于剩余控制权理论，对东亚模式、我国历史实践及合作社内部开展信用合作的治理实践做法进行分析，对信用合作组织内部成员及政府的剩余控制权，索取权获取的途径、实施情况进行研究分析，并与其对信用合作组织的投入与剩余控制权相联系，总结出治理的逻辑原理，在遵循该逻辑原理的基础上，提出合作社内部信用合作的治理设计建议，为相关研究提供新的治理理论思路。

（2）案例研究法。本书全面整理了日本农协和韩国农协信用合作事业的相关资料，对其官方渠道披露的历年年报、财务数据、治理章程等进行大量的外文资料翻译和整理工作，同时尽可能地收集个体案例的相关资料，加深具体分析程度。全面梳理了我国各地合作社内部信用合作的组织管理制度、社员资格认定及管理、内部外监管等资料。对我国农民合作社内部信用合作四种典型模式的治理—风险—绩效等方面的资料进行了全面调研和整理。

（3）数理模型分析法。用监督效率模型比较分析四个典型模式治理—风险—绩效之间的内在机理。用直接监督分析"社员股金 + 合作资金"模式的治理与抵押品，用相互监督模型分析"社员股金 + 银行资金"模式治理与抵押品；用代理监督模型分析"财政资金 + 合作股金 + 银行资金"模式治理与抵押品及"供销社模式"治理与抵押品。

1.4.2　研究内容

本书主要研究我国农民合作社内部信用合作治理—风险—绩效的内在机理。围绕这一问题，本书设计了如下的研究内容：

第一部分，主要是提出本书要研究的问题：我国农民合作社内部信用合作治理机制设计如何影响风险防控及绩效，其内在的机理是什么，围绕这一问题，介绍了研究背景、目的与意义、文献综述、研究思路与研究方法及研究创新点。

第二部分，构建了合作社内部信用合作治理机制与风险防控理论分析框架，用以解释日本农协和韩国农协信用合作成功的原因及我国信用合作的经验教训；分析我国农民合作社内部信用合作治理—风险—绩效的内在机理；具体包括信用合作治理与风险防控理论、剩余控制权与剩余索取权匹配理论、监督效率与抵押品。

第三部分，运用经典的剩余控制权理论，分析日本农协和韩国农协内部开展信用合作成功的原因及我国开展信用合作的经验教训，并验证剩余控制权与索取权相匹配理论在信用合作组织治理研究中的适用性。

第四部分，分析我国四种典型的信用合作模式治理—风险—绩效的内在机理。运用合作社内部信用合作治理与风险防控理论及剩余控制权理论来剖析合作社内部信用合作的治理对风险及绩效的影响，并用监督效率模型比较分析四个典型模式的治理—风险—绩效之间的内在机理。

第五部分，通过对日本农协和韩国农协信用合作成功的原因、我国信用合作实践的反思和对我国合作社内部信用合作治理—风险—绩效之间的内在机理的分析，提出相应的政策建议来控制其风险及实现提升（见图1-1）。

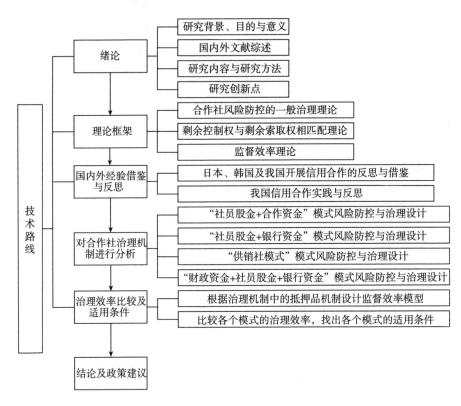

图1-1　技术路线

1.5　本书的创新点

首先，本书运用经典的剩余控制权理论，分析日本农协和韩国农协内部信用合作风险防控的治理机制设计。通过对日本农协和韩国农协内部开展信用合作成功的原因及我国开展信用合作实践的反思，验证了剩余控制权与索取权相匹配理论在信用合作组织治理研究中的适用性。

其次，本书运用合作社内部信用合作治理与风险防控理论及剩余控制权理论来剖析合作社内部信用合作的治理机制；用监督效率模型分析四个典型模式的治理—风险—绩效之间的内在机理，从而为设计治理机制实现不同模式信用合作的稳健发展提供了理论指导。

第 2 章

信用合作治理—风险—绩效的理论分析框架

2.1　信用合作概念、性质与运行逻辑

2.1.1　信用合作概念界定与区别

一般而言，信用合作组织是按照合作制原则建立起来的，其治理上的典型特征是由成员所有、成员管理并为成员服务，其中最为人们所熟知的就是其长期倡导的民主管理和"一人一票"制。纵观各国历史与中国实践，信用合作有其存在的价值和必要性。对于我国而言，只要还存在众多的弱势群体，对信用合作模式的需求就是存在的，这一点更适合经济发展相对落后、居民收入水平较低的农村地区。

目前信用合作模式大约有五种类型：第一类是由银监部门批设的农村资金互助社；第二类是由农业部门推动并依托农业专业合作社而建立的合作社内部信用合作（有的地方也叫农村互助合作社）；第三类是由供销社创办或领办的农村资金互助社；第四类是由扶贫办和财政部门联合开展的村级发展互助资金试点；第五类是农民自发形成的农民资金互助社，这些组织在江苏和浙江等地比较常见。

目前由于我国尚未出台合作金融相关的法律文件，所以无论是中央还是地方政府，均未对"合作金融、信用合作及资金互助"三者的概念做出明确的界定和解释，三种说法在中央文件中均有提及，例如，2012 年中共中央、国务院《关于加快推进农业科技创新　持续增强农产品供给保障能力的若干意见》中指出，"有序发展农村资金互助组织，引导农民专业合作社规范开展信用合作"；2014 年中共中央、国务院《关于全面深化农村改革　加快推进农业

现代化的若干意见》提出，"在运行规范、带动力强的农民专业合作社和供销合作社的基础上，培育和发展农村合作金融"；2016 年《关于落实发展新理念　加快农业现代化　实现全面小康目标的若干意见》又进一步提出，"扩大农民合作社开展信用合作的试点范围，落实地方政府监管责任"。

1. 信用合作。

鞠荣华（2018）认为，信用合作是合作成员依据一人一票的原则参与决策，为满足社员的需求与经营目标，致力于成员与客户金融服务需求的全面覆盖，是金融领域有机组成部分。张照新等（2018）提出，信用合作是农民合作社中提供服务的一个环节和领域，是服务功能的扩展，对应的有生产合作、供销合作等，而由于我国合作社目前其他的功能尚未发挥明显，所以其内部信用合作就主要表现为货币资金的调剂。蒋永穆和王丽程（2019）认为，信用合作是按照国际通行的合作社原则在一定地区范围内所建立的相互协作、互助互利的关系，其基本思想是以合作经济为基础，坚持成员所有者和客户双重身份的同一性、民主性和非营利性三大基本属性。

本书将其概念界定为，信用合作是自愿出资加入的成员，以平等互利、互助合作为核心精神，主要为其成员生产经营、销售流通、一般性生活消费等活动的资金调剂借贷、保证保险、投资等综合性金融服务，其所建立的组织是以"一人一票"民主管理为原则，不以利润最大化为经营目标的非营利组织，加入的成员既是组织的所有者，也是组织提供服务的享受者，较其他两者的产业结合程度要高，根本目的是满足成员的一般服务需求。

2. 资金互助。

张照新等（2018）认为，资金互助为一种成员间的资金融通活动，范围主要限制于成员间的相关信贷金融业务活动。毛飞等（2018）认为，目前我国农民合作社所建立的资金互助组织是合作社内部成员解决融资需求的一种模式创新，由于发展阶段及进程的限制，目前合作社的资金互助组织所开展的业务活动主要表现为货币资金的借贷调剂。

在上述观点的基础上，本书认为，资金互助是主要以围绕成员生产经营活动中的资金货币需求，坚持社区性、内部性的原则，提供融资服务，满足成员的资金调剂需求，相比较于其他两者，资金互助的业务范围主要以资金货币调剂为主要业务活动。

3. 合作金融。

赵科源和魏丽莉（2016）提出，合作金融的主体是农民，所代表的生产关系是广大农民群众的利益，在日本和韩国所建立的综合农协中，其所开展的金融业务是生存之本、立会之基，是货币资金运营与实体经济相结合的一种体制。高强等（2018）提出，合作金融功能较为综合，有多种组织形式，资金互助是其中一个具体的表现形式。

本书将其定义为：合作金融是社员之间以互助合作为原则，自愿出资加入，为其成员及客户所提供涵盖生产生活、投资、保险等多领域的综合性金融服务，合作金融作为商业性金融和政策性金融的补充，具备的金融功能较多，形式较资金互助也更多，其根本目的是满足成员的生产生活的服务需求，提升自身生活水平。三者所具备的共同特征主要有以下三个方面：（1）成员坚持合作制的原则自愿加入，本着互助合作、平等互利的精神共同经营管理，并享受利用事业业务服务活动，成员既是所有者也是客户，其身份具有双重性。（2）民主性。即参与成员按照"一人一票"的民主管理原则决定组织的重大事项，不因出资金额或股份的多少而其权利有所差别。（3）非营利性。组织建立的根本目的不在于通过经营业务来获取利润收入，而是成员之间相互援助，满足自身需求服务，达到合作共赢的效果。

2.1.2 信用合作的运行逻辑和性质

信用合作组织是在一定的社区范围之内，通过股权激励和内部社员参与管理降低组织的运行成本，并且明确界定参与各方的权利义务，以便将风险与收益在内部相匹配，通过成员间经济社会关系管控融资风险的金融组织（刘西川等，2019）。农民合作组织内部的资金互助组织严格来不是金融，而是类金融或准金融。它的成员是封闭的，只能在成员圈里吸收储蓄、发放贷款，如果出了圈就变成了金融。金融必须拿到银监部门颁发的金融企业、金融机构的执照，而农民专业合作组织内部发展农民的资金互助，不需要金融牌照。陈锡文（2016）认为农民专业合作内部信用合作必须严格遵守如下规则：第一，成员是封闭的，只有成员才可以在成员范围内发展业务；第二，不能对外吸收储蓄，也不能对外发放贷款，吸收储蓄和贷款都必须在成员内部；第三，成员对资金互助组织的存款收益要由实际运行情况决定。坚持成员封闭、业务封闭，只要不事先给出固定的资金报酬，就不会出问题。在村级集体经济组织、农民专业合作组织、供销合作社的合作组织内部开展信用合作，不是严格意义上的金融，因此批准的部门也不是金融部门，大部分是地方农村工作政策部门，由农业部门审批，对农业部门负责，并且要求地方政府对信用合作进行监管，从而区别于传统金融机构[①]。

2.2　合作社内部信用合作治理机制与风险防控

农民合作社开展内部信用合作的目的就是为了给合作社成员提供资金支持，保证社员发展农业生产。各个合作社采取的信用合作模式不一样，设置的治理机制也有所不同。对合作社开展信用合作，国家层面也还没有出台具体的规范性文件，很多合作社都是"摸着石头过河"，因此，本书通过分析合作社的运行机制，以及可能会遇到的风险，找到治理机制存在的问题，并提出改进建议。

本书结合国内的研究文献以及合作社信用合作的发展现状，总结出农民合作社开展信用合作时可能面临的风险分为内部风险和外部风险。内部风险包括五个方面：股权分配、决策权分配、贷款机制、收益分配、运行规模与范围；外部风险包括两个方面：设立合规性以及其他风险（见表2－1）。

表 2 – 1　　　　　　　　　　合作社内部信用合作的主要风险

分类	风险	主要内容
内部风险	股权分配	股权分配是否分散
	决策权分配	决策权分配是否分散
	贷款机制	贷款用途、贷款对象、贷款是否要抵押担保等
	收益分配	收益分配是否和风险相匹配
	运行规模及范围	运行规模是否在能力范围之内以及以地域或是其他为运行界限
外部风险	设立合规性	登记注册机构以及相关法律文件
	其他风险	政策、市场等其他风险

---

① 陈锡文：农民专业合作组织要区别于金融机构对待［N/OL］. 人民网，（2019 – 07 – 19 日）. http：//finance. people. com. cn/n/2015/0203/c1004 – 26499485. html。

（1）股权分配。社员在申请入社时，一般情况下都是入社即入股，刘西川（2016）提出，合作社成员入股资金互助社在某种程度上也可视为成员贷款的抵押的一种形式，股权分配是合作社在设立过程中一定会遇到的一个问题。股权安排不合理风险是指：农民合作社在成员申请入社的时候，一般都会要求社员缴纳一定的资金，作为股金，最后构成的股权结构在一定程度上决定了合作社的管理方式，合作社的股权过于集中，一些合作社社员的权利则得不到很好的实施，不能达到服务"三农"的目的，不利于合作社的长期发展。

（2）决策权分配。股权和决策权两者是相互关联的，一般情况下，合作社的大股东都会被选入理事会，并决定一些业务的结果，其中，特别重大或者存在较大分歧的议案需要由全体成员按"一人一票"的表决机制投票表决，如果股权过于集中，那么相应的合作社的决策权也掌握在少数人手里，很可能会出现内部人控制的现象，导致合作社的资金出现损失。程京京（2015）认为，防范内部大股东控制（如一般规定个人持股不超过总股份的20%），合理的股权结构能够防止内部人控制现象发生，从而抑制风险。

（3）贷款机制。贷款机制的设计对于合作社而言是至关重要的，从贷款前、贷款中、贷款后三个方面严格把控合作社的风险。贷款前的机制是贷款前通过对该社员的信誉、活动情况、家庭、工作等有一个基本的审查，使双方信息尽量对称，尽量避免贷款之后的道德风险。贷款中的机制：贷款对象只能是内部社员，原则是对内不对外，如果农户想要通过合作社申请贷款，必须先要成为社员；社员入社的同时需要提供一定的抵押物，这些抵押物能够减少贷款农户的故意违约行为，菲什曼（Fishman，2009）的研究表明，声誉机制能够在借贷双方间建立起一种信任，这种信任可以有效降低因抵押物存在的问题而引发的道德风险，确保贷款的正常偿还；借款的社员还需要找其他社员提供担保。贷款后的机制：借款人的声誉效应发挥作用的条件包括有效的信息传播；对违约行为及时有力的惩罚；交易必须是重复的或者非孤立的。贷后的信息收集：在出现违约风险后，给予一定的惩罚措施，避免出现道德风险（黄晓红，2009）。

（4）收益分配。合作社在设置治理机制的时候，收益分配合理性也是至关重要的，在社员选择加入信用合作社的时候，虽然是闲余资金，但是如果没有获得收益，社员有可能会撤出资金；另外，在社员选择为其他社员担保的同时，承担了风险，根据风险和收益相匹配的原则，社员承担风险的同时也需要获得收益。最后，以服务"三农"为目的的合作社也需要一定的收益来维持合作社的发展。

（5）运行规模及范围。独立社和内部社的互助金规模在 1500 万～2800 万元的区间相对合理，能有效地避免互助金规模扩大与社员内部"软约束监督"引致风险防控的两难困境。在合作社内部信用合作的范围越过了熟人社会后，此时质押机制在降低信用合作社员的信贷违约风险上起着主要作用。运作范围分析主要基于声誉机制起作用的限定条件：农民合作社内部信用互助时运作范围遵守信誉机制有效运行的环境条件，即合作社成员的交易必须能够保证多次重复进行，同村或者同社的其他社员能够产生舆论压力，对故意不还贷款的社员有处罚措施，而且措施对违约者要行之有效，让每个内部信用合作的社员都能够从中获得收益，并且保证这个收益长期存在。因此，合作社内部信用合作遵循声誉机制起作用的限定条件能够降低合作社信用合作的运作范围不合理的风险。

（6）设立合规性。信用合作组织设立合规性风险是指农民合作社在设立信用合作组织部门的时候，一方面，由于我国信用合作尚未颁布相关法律法规，合作社内部信用合作没有明确的法律地位，有被判断为非合法金融机构的风险；另一方面，在合作社内部信用合作时未依照信用合作的原则进行内部相关业务，筹集互助金时不强调成员出资、内部信用合作时脱离农民合作社以及高息揽存，向"高利贷"、非法集资等方向发展的组织性质定性不明确或者发生的风险。

（7）其他风险。其他风险主要是指由于外部因素导致的一些风险。主要包括政府政策变动风险、市场风险、不可抗力风险。政策变动风险是指目前我国农民合作社内部信用合作相应的法律、法规还不完善，都是属于试点摸索阶段，相关政府政策变动大，给合作社内部信用合作带来更多不确定性的风险。合作社内部信用合作贷款流向主要为农业以及农业相关的产业，农产品价格波动较大，农产品价格不稳定也会给信用合作带来风险，故市场风险也是合作社内部信用合作必须考虑的一种风险。

2.3 信用合作剩余控制权与剩余索取权的特殊性及治理逻辑

2.3.1 信用合作组织的剩余控制权与剩余索取权

剩余控制权这一概念由国外学者格罗斯曼和哈特（Grossman，Hart，1986）最早提出，剩余控制权是建立在不完全契约的基础之上的，由于契约未能够将所有可能发生的情况做出详尽的安排和说明，从而出现契约约定的内容之外情况发生时，需要一方来掌握最终的话语权，即剩余控制权来决定该情况的处理。法玛和詹森（Fama and Jensen，1983）指出，剩余索取权是指由于企业经营中无法预测的风险所导致的，剩余索取权指的正是由于风险承担者承担了这一部分的风险而拥有的获取风险报酬的权力，并且在大型组织中剩余索取权具有分散化的特点。哈特（Hart，1996）进一步提出掌握组织的剩余控制权，即能够在环境的变化中快速地做出反应，灵活地做出决策。张维迎（1996）认为，剩余控制权就是在合约中没有具体明确规定的活动决策权。而剩余索取权主要指的是对组织的收益的分配权。剩余索取权是剩余控制权的延伸，即谁掌握了组织的剩余控制权，就掌握了剩余索取权，二者是相统一的。

董玄等（2018）基于经济学的剩余控制权理论，提出政府控制与政府投入相匹配是有效治理混合型组织的关键条件。受剩余控制权理论启发，本书分析合作社内部信用合作这种混合型组织治理，关键是分析进行投入的政府是否掌握了它应该掌握的控制权。

政府控制是指政府对混合型组织的人事管理权及相应重大经营事项的决策权，具体到本书中，指的是政府部门对合作社的监督管理。政府投入是指从政府流向混合型组织的、具有不可缔约性质的要素资源，具体到本书中，分析的农民专业合作社案例就是政府信用背书。如果政府控制与政府投入不匹配，则控制者有激励"竭泽而渔"，并将混合型组织的风险转嫁到进行投入的主体（见图2-1）。

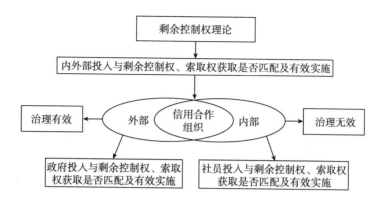

图 2 - 1　混合型组织剩余控制权与剩余索取权

　　"政府投入"是指从政府流向混合型组织的资源，在本书分析的多个信用合作的案例情景中，是以政府信用背书来衡量政府投入，理由有三点：一是对于金融机构来说，政府信用背书是最根本也是最重要的资源。要让储户放心，不会发生挤兑的现象。另外，政府信用背书无形中给金融机构的信用升级了，如果没有政府信用背书，其他存款类金融机构，会遇到私人"银背"和声誉机制面临范围小、速度慢、不稳定的局限。二是信用背书几乎只能够依赖于政府投入。如果这些金融机构没有政府信用背书，即使有政府投入人力以及物质资源，也难以保证不发生挤兑潮。三是行政资源虽然难以从市场获得，但可以被政府信用背书所涵盖。如在国务院文件支持下，下一级政府出台适合当地合作社开展内部信用合作的相关政策文件（见表 2 - 2）。

表 2 - 2　　　　　　　　　　　**政府信用背书的分类与效力**

制度化程度	政府信用背书形式	举例	背书效力
高	国家金融监管机构的颁发的金融牌照	农信社、国有股份制商业银行、获得金融牌照的民营银行	强
	中央政策或政府作为第一控股股东	省政府承担农信社最终风险、国有股份制商业银行	
低	地方政府部门审批、归口管理	超出中央政策范围的农村合作基金会、部分农村资金合作社	弱
无	媒体宣传、会议表彰不是政府信用背书	非法集资的农村资金合作社以媒体宣传混淆视听	无

综合以上理论阐述，得出合作社开展内部信用合作，在治理机制设计的过程中，应做到剩余控制权与剩余索取权相匹配（见图2-2）。

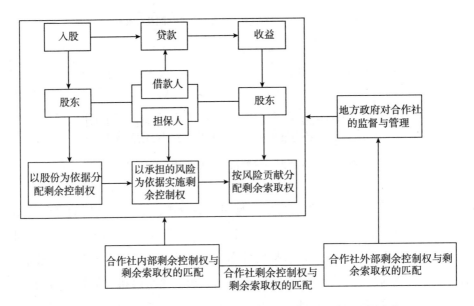

图2-2　合作社内信用合作剩余控制权与剩余索取权匹配结构

合作社内部开展信用合作，应通过入股的方式来分配剩余控制权，谁掌握了剩余控制权，谁就获得了剩余索取权。二者相互统一，在合作社内部开展信用合作业务的过程中，才可以有效地防范风险。另外，地方政府也需要做到投入与控制相匹配，做好对合作社开展内部信用合作业务的监督与管理工作。

本书将信用合作组织的剩余控制权进一步划分为内部剩余控制权和外部剩余控制权，内部剩余控制权主要指组织内部章程的制定、重大要事的决策、经营发展目标及计划等内部重要治理安排事项。对应的内部剩余索取权指内部的盈余分配、破产结算时的财产分配等主要涉及组织内部资产权益分配的事项。外部剩余控制权主要指来自政府行政机关对组织的外部法律规定、监管部门对其业务经营活动所提出的遵守要求等限制规定，而外部剩余索取权主要指组织在发展过程中对政府部门部分职能的承担、政府政策传导的落实途径以及所带来的税收等经济收入。

结合经典的剩余控制权理论，本书通过对日本农协和韩国农协开展信用合作的东亚模式、我国开展信用合作的历史实践以及目前我国合作社内部开展的信用合作的治理安排进行研究，外部从政府在法律制度保障、政策资金支持等方面提供的投入，法律制度约束、监管部门的监督、政府职能的承担等方面获取的剩余控制权、索取权情况，以及内部成员出资、担保抵押、发挥自身知识才干等方面的投入，组织管理、成员资格认定划分、内部监管等方面对剩余控制权、索取权的获取情况进行具体分析。研究分析信用合作内部成员、地方政府的投入与剩余控制权、索取权的获取情况，以及能否有效实施。

2.3.2　基于剩余控制权的信用合作风险防控的刚性和柔性治理逻辑

农民合作社内部信用合作的风险防控主要通过内部的柔性治理和外部政府的刚性治理实现，但是现实中农民合作社内部开展信用合作或者缺乏监管，或者监管过度，而剩余控制权理论能够解释以上现象背后的逻辑。

（1）合作社内部信用合作风险管控的刚性治理逻辑。首先，地方政府对信用合作组织的风险兜底与监管逻辑。2014 年、2015 年和 2016 年中央文件明确提出了地方政府对新型农村信用合作的风险防控和监管职责。为什么要突出地方政府的风险兜底作用？第一，"地方性国家统合主义"认为，地方政府为了主导和促进经济增长，有动力去整合金融资源促进当地工商企业发展，从而促进地区经济增长和财政收入。当前在农村地区大力发展生产、信用、供销"三位一体"综合合作社，也是地方政府期望通过金融合作推动产供销合作，实现农村经济增长和农民收入提升。农村信用合作组织属于地方组织，一旦出现金融问题或爆发支付危机，会引发区域性金融风险，地方政府必须承担维护地方金融稳定的职责。2017 年全国金融工作会议提出"一切金融活动都要纳入监管"的要求。中共十八届三中全会也提出了"地方金融监管"的概念。第二，地方政府对农村资金互助社的监管是重要的信用背书，政府实际上是最后的风险兜底人，有利于农村资金互助社的发展。相比较于商业银行有中央政府的隐形兜底，没有政府信用背书的农民资金互助社会面临极大的"信任难题"，完全依靠资金互助社发起人或领办人的私人声誉也存在范围小、速度慢且不稳定等局限，危及机构存续。董玄等认为，政府对信用合作组织的风险兜底必须与政府对信用合作组织的控制权相匹配，否则农村信用合作组织的风险就会转嫁给有投入但无控制权的上级政府，导致治理无效，其对我国农村信用社 2003 年改革后持续提升的分析及我国农村合作基金会的经验教训分析进一步证明了这一观点。而根据经典的剩余控制权理论，在交易中难以被合约明确约定或执行的资产权利通过掌握剩余控制权来实现。作为最后的风险兜底人，政府选择通过成立地方金融监管机构来实现对资金互助社的组织治理设计和风险管控。

其次，地方政府对信用合作组织的刚性治理逻辑。地方政府的监管系统采用的是科层制结构，不同级别的监管机构中的官员在做决策时尽量避免给自己带来职业风险的做法。因此，地方政府监管人员的最优选择是尽可能防控金融风险，而把促进农村资金互助社发展作为次优选择。在这一科层制逻辑下，在现有金融监管体制单一、监管资源严重存在问题的情况下，面对数量大、覆盖面广、行为不确定性高的农民资金互助组织，金融监管系统及其从业人员基于成本收益的考虑，从本部门和自身利益出发，权衡监管利弊后，沿着城市商业金融治理逻辑，选择了过度监管，对全国农村资金互助社制定了"一刀切"的标准。以上就构成了地方政府刚性治理下的选择。农村资金互助社的资金规模、运营模式、管理方法受制于当地经济发展程度和乡风民俗等具体情况，"一刀切"的外部管理模式忽略了我国农村经济与社会多样性的事实，很难与绝大多数的农村资金互助组织实际需要相吻合，导致制度执行成本高，制度效率低，限制了农村信用合作组织的生命力。

（2）合作社内部信用合作风险管控的柔性治理逻辑。合作社内部信用合作柔性治理发挥作用的特殊性在于在"组织封闭、对象封闭、上限封闭"的原则下，信用合作组织内生于社区，依靠社区的社会资本获取软信息，并且基于社会资本产生特殊的信任以及"群体惩罚"机制，有效地保证了信用合作的履约机制实现。柔性治理实现风险控制目前主要有两种模式：第一种是依靠大股东的专有性资源实现风险控制。大股东作为合作社内部信用合作的发起人，通过个人信用能力吸收社员入股或存款，依靠个人的社会资本管理信贷风险，通过投入初始资本来承担风险，并且大股东依靠自己的企业家才能管理整个组织。这一治理模式虽然认识到成员社会资本在风控方面的作用，但更多的是依赖大股东（如理事长）社会资本来激励和监督借款成员，在治理和监督上缺少对大股东的约束。第二种是根据入股在成员中间分配剩余控制权，通过明确和具体的成员担保机制来分散实施剩余控制权。即依靠成员间经济产权和社会资本，通过成员相互之间明确的担保机制进行风险管理，激励了普通成员参与组织的风险控制与治理。

2.4　不同信用合作模式的监督效率与抵押品

为了更好地帮助农户获得贷款，各地都根据当地的优势来设置信用合作的模式，几乎每种模式都要求借款人付出一定的抵押品来保证贷款的安全。但是，目前农村还没有建立起比较完善的抵押品机制。就改善借款人融资条件方面来说，融资能力理论提供了一个分析框架，该理论是由本特·霍姆斯特朗和让·梯若尔（Bengt Holmstrom and Jean Tirole, 1997）提出，之后经梯若尔等（2006）发展起来的融资能力理论，该理论指的是通过分析借款人需要付出的最低抵押品，来间接分析融资的条件。融资活动都会面临借款人的有限责任约束以及道德风险，借款人在获得有限责任租的同时才会选择努力，但是这样必然增加他需要付出的抵押品。抵押品尽管是防范道德风险的一种基本手段，但在农村地区，几乎不能得到很好的应用，因此，抵押品替代机制成为解决农村融资问题的关键。梯若尔等（2006）总结了可以提高借款人融资能力的相关机制，包括抵押品和担保、声誉机制（或社会资本）、引进监督者、分散化效应以及长期关系等，在各种机制中，与合作社开展内部信用合作最密切相关的就是监督机制。当借款人抵押品的价值太低，不能够获得足够的贷款时，引进监督者是一个不错的选择，既可以防范借款人的道德风险，又可以提高投资者的收入，有利于促进融资。因此，合作社也可以采用适当的监督方式，来解决借款社员的道德风险问题，降低社员的抵押品要求，提高融资可得性。

本书用监督效率模型比较分析四个典型模式的治理—风险—绩效之间的内在机理。用直接监督分析"社员股金 + 合作资金"模式的治理与抵押品，用相互监督模型分析"社员股金 + 银行资金"模式治理与抵押品；用代理监督模型分析"财政资金 + 合作股金 + 银行资金"模式治理与抵押品及"供销社模式"治理与抵押品。

第3章

日本和韩国信用合作治理—风险—绩效研究

3.1　日本农协内部信用合作治理—风险—绩效研究

日本农业协同组合是依照日本《农业协同组合法》建立的农业协作组织，日本农协以农业者为中心，地区居民成为组合成员，以"互相帮助，相互支持"作为共同的理念而运营发展。日本农协业务活动的开展主要通过划分事业部的形式进行，事业部主要分为：经济事业、信用事业、指导事业、厚生（即福利医疗）事业、共济事业五大事业部门，信用事业部门即为日本农协开展信用合作的主要组织部门，为本会成员提供储蓄、投资、农业生产经营活动信贷资金等综合性金融服务。在组织框架的设计安排上，日本农协主要根据行政区划建立起全国—县（都、道、府）—基层农业协同组合的三级组织架构体系，相对应的信用事业部门也划分为全国农林中央金库—都道府县信农联—基层农协信用部三个层级，但有别于一般的政府行政管理上下级的隶属关系，日本农协三个层级之间并不存在领导和被领导关系，上一层级主要对下层级进行业务指导、协调支援等活动，各农协依据独立经营、自负盈亏的原则开展日常业务活动。日本农协信用部门虽然开展了类似于商业银行等金融机构的业务活动，同时也承担了作为日本政府向农村地区输送资金的"血管"通道作用，但是有区别于二者的是，农协信用部门既非以营利为目的的公司企业，也并非是政府的基层机构，而是在广大农民、农户自愿的基础之上，本着成员之间互助合作的核心精神，致力于共同发展，提升成员自身生活水平和社会经济地位而建立的农村信用合作组织（见图3-1）。

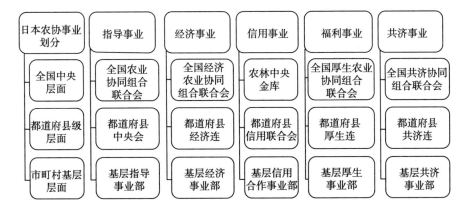

图 3 - 1　日本农业协同组合组织框架

资料来源：日本农林中央金库历年年报。

3.1.1　日本农协信用合作的治理绩效

对日本农协开展信用合作绩效的评价，主要是从资产、资本充足率、长期债务评级、收入、盈利、存贷款规模及比例、贷款担保金、风险拨备等方面进行分析，从而比较全面地反映了日本农协开展信用合作的治理绩效。

（1）日本农林中央金库资本资产情况。截至 2020 年 2 月的统计结果如图 3 - 2 所示，日本农林中央金库总资产已达到 109.89 万亿日元，净资产为 7.7569 万亿日元，净资产比率为 6.4%，总资产较 2003 年的 61.2654 万亿日元增长了约 78%。资本充足率方面，日本农林中央金库自 2003 年以来基本保持在 10% 以上，2010 年后基本维持在 15% 以上。2020 年 2 月其财政年度的最新数据资料显示，该银行的资本充足率在巩固的基础上维持在一个较高的水平，总资本比率为 23.50%（见图 3 - 2）。

在长期债务评级中，2019 年 3 月 31 日的数据显示，日本农林中央金库在长期债务标准普尔评级为 A，穆迪信用评级为 A1，投资品质优良，偿还债务能力较强。短期债务评级中，标准普尔评级为 A - 1，穆迪信用评级为 P - 1，发行人（或相关机构）短期债务偿付能力强。无论是在长期还是短期债务中，两家国际著名权威信用评级机构都对日本农林中央金库给出了很高的评价，充分表明了日本农协开展信用合作事业上强大的生命力。

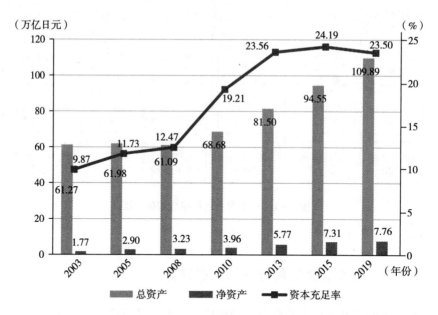

图 3 - 2　2003 ~ 2019 年日本农林中央金库近年来资本资产变化情况

资料来源：日本农林中央金库历年财务指标报告，资本充足率计算是其根据日本金融服务机构和农林水产部于 2006 年第 4 号通知中（评估农林中央金库管理健全情况）所发布的标准进行的计算衡量。

（2）日本农林中央金库收入盈利情况。从日本农协信用合作系统的最高层农林中央金库公布的历年财务数据来看（见图 3 - 3），2003 ~ 2019 年，近 15 年来每年农林中央金库的总收入基本保持在 1 万亿日元以上，除 2008 年因宏观经济的变化，其总收入有显著的变化，一举达到了 2.73 万亿日元之外，总体上日本农林中央金库近几年的总收入呈现出稳步攀升的趋势，说明其获利能力持续提升。一方面，证明了日本农协开展信用合作事业的管理水平和运营能力逐渐增强；另一方面，对于其入股成员以及出资参与者而言，农林中央金库盈利能力水平的不断提升，说明其偿债能力和抵御风险的能力逐渐增强，为其在使用过程中提供了有力的保障。

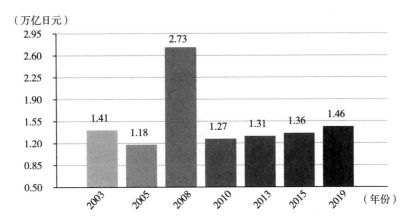

图 3 - 3　2003 ~ 2019 年日本农林中央金库近年来总收入变化情况

资料来源：日本农林中央金库历年年报。

（3）日本农林中央金库存贷款规模及比例情况。随着日本农协准社员数量的增加以及农民生产经营经济收入的提高，农林中央金库的各项存款余额总体呈逐年上升的趋势。2003 年日本农林中央金库公布的存款总额为 40.42 万亿日元，2019 年存款额为 66.80 万亿日元，存款总数约是 15 年前的 1.5 倍，并且存款规模仍在不断地扩大，其庞大存款规模的"输血"是其信用合作事业开展各项资金活动的重要保障。

相较于逐年增加的储蓄存款，农林中央金库贷款的增加幅度并不明显，一方面，是由于自身成员从本系统内贷款需求增长速度的影响；另一方面，是因为日本农林中央金库作为为农服务的信用合作组织，其贷款的对象和领域相较于一般的商业银行有特定的范围和限制，所以其贷款的增长幅度并未较快速的增大，存贷比基本维持在 30% ~40% 的区间（见图 3 -4）。

（4）日本农林中央金库风险拨备情况。在客户贷款担保金方面，从图 3 -5 可以直观地看出，农林中央金库的客户贷款担保金总体呈现明显的上升趋势，且上升幅度逐渐增大，由 2013 年的 6 883 亿日元增长到 2019 年的 14 747 亿日元，5 年时间增长了一倍之多，充分反映了其信用合作信贷业务运行的抗风险能力不断增强，相关贷款风险基本可控，其发放的贷款逾期、违约风险低。

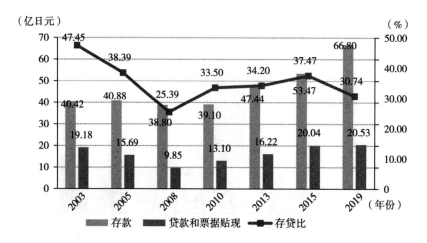

图 3 - 4　2003～2019 年日本农林中央金库近年来存贷款规模及比例变化情况

资料来源：日本农林中央金库历年年报。

　　在贷款损失准备金方面，由图 3 - 5 可知，2003～2019 年的 15 年中，随着农林中央金库贷款及票据贴现规模的变化以及客户贷款担保金的提升，其贷款损失准备金额基本趋势在不断下降，从 2003 年的 3 619 亿日元逐渐缩减到 2019 年的 508 亿日元，说明日本农协信用合作系统的贷款质量有了较好的改善，成员按时还款能力与贷款使用效率有了显著提升，财务运营状况呈现良好态势。

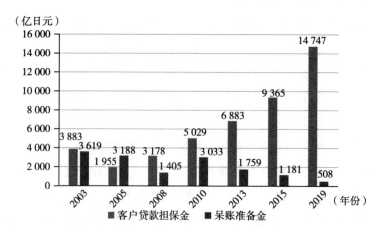

图 3 - 5　2003～2019 年日本农林中央金库近年来风险拨备变化情况

资料来源：日本农林中央金库历年年报。

3.1.2　日本农协信用合作治理设计与风险防控的实践

日本农协内部开展信用合作是如何通过治理机制的设计来防控风险并保证了良好的运行绩效是分析的重点，本书主要从组织管理、社员资格认定及管理、信贷业务管理、信用合作安全网、内外部监管等方面详细探讨其治理机制设计。

（1）组织管理。总会是日本基层农协的最高权力机构，组成成员包括按照其章程规定加入的正组合社员和准组合社员，准社员没有选举权和被选举权，正式社员依据"一人一票"，不因入股出资的多少而变化的民主管理原则，选举产生代表理事组合长、常务理事、理事、代表监事、常务监事等内部主要管理人员，并相应组成产生各职能部门。

以日本名古屋市绿区农业协同组合为例，该农协信用事业部作为其组合下设的事业部门，设置了专门的理事课长负责本部门的日常经营活动，总会原则上每事业年度至少召开一次，主要决定事项包括对本组合章程的修订；社员的加入、退出及惩戒；年度经营目标和战略的制定；公布经营成果、财务报告等重大事项内容。总体来说，总会相当于整个基层农协组合的首脑机构，也是加入社员获取农协内部剩余控制权及索取权的最重要的手段途径。

根据日本绿区农协的章程规定，在进行农协的业务执行的理事中，为了反映农协成员各层的意见和相关利益，农协的理事将从所在地区的农协社员中推选出代表和学识经验丰富者等进行录用。2015 年新一轮的日本农协改革也明确要求坚持民主理念和理事选拔专业化，明确地域农协必须遵循"理事过半"的原则，保证地域理事一般由地域农协成员产生，理事会成员中的半数必须由经过审核认定的农户或当地从事农业相关联行业且拥有长期经验积累的人士组成。此外，为确保理事职务开展有效进行，每年度名古屋市绿区农协都为高级管理职员制定法规遵从性计划，进行专门的教育研修活动等。关于信用事业，日本同时还设置了《农业协同组合法》第 30 条规定的专职监事及外部监事，以此来强化对农协内部信用合作事业的监管。

同时，为确保监事监察的实效性，监事除出席理事会和经营管理委员会外，还可以出席重要会议并发表意见，代表理事要定期与监事交换意见，理事及职员除了协助监事的调查或听取委托外，还需尊重监事监察规程等规定的事项，协助监事监察顺利进行。此外，为适当保存、管理董事职务执行的相关信息文件，对理事会等重要会议的会议纪要、请示书等执行职务所需的重要文件等，农协章程规定了其保存期限及管理标准，并进行适当的管理；各业务的负责部门应根据董事或监事的要求，将执行职务所需的信息提供给董事或监事阅览。最终能够确保内部剩余控制权、索取权能够牢牢地掌握在广大社员手中，而不发生转移（见图3-6）。

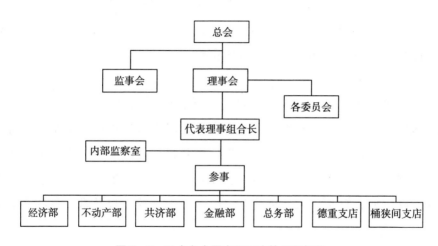

图3-6　日本名古屋市绿区农协组织框架

资料来源：日本 JAみどり绿信用農業協同組合，https：//www. jamidori. or. jp/。

（2）社员资格认定及管理。据了解，日本各基层农协社员的资格认定办法并不完全统一，在遵循《农协法》的基础之上，各基层农协依照都道府县级农协所制定的引导规范，结合自身地区实际情况做出相应的调整和修订，但原则上加入的成员均为长期在本地区从事农业生产经营或相关联活动的个人或法人团体，包括其他农民合作社等。一般来说，准社员的认定范围较正式社员更广，加入条件更为宽松，相对应的准社员在享用农协事业服务上的限制也较正式社员更多，例如在贷款的额度、用途、期限等方面会对准组合社员加以一定限制（见表3-1）。

表 3 - 1　　　　　　　　　日本两地区基层农协社员资格认定办法

成员类别	名古屋市绿区农协	北海道今金町农协
正组合社员认定条件	①从事农业并且其住址，土地或设施在本组合的地区内的个人。 ②一年中从事农业工作 60 天或以上，且地址在本组合地区内的个人	①耕种 50 亩以上土地的农民，其耕种的土地或者住址在本组合的地区内，且以务农为生活主要部分的个人。 ②一年中从事农业 90 天以上的农民，其住址在本组合的地区内的个人。 ③经营农业的法人（其经常雇用员工数超过 300 人，并且其资本额或出资总额超过 3 亿日元的法人除外），其事务所或者其经营相关的场所在本组合地区内的团体法人
准组合社员认定条件	①地址在本组合地区内，被认为适合使用本组合的业务的个人。 ②在组合地区工作的个人，已经从本组合接受财务，互助，购买和销售业务超过一年，并在本组合地区工作得到认可的人士	①在本组合地区内有住所的个人，被认为利用本组合的事业是适当的个人。 ②在本组合第七条第一款第（二）项至第（四）项或者第（十三）项事业中长期提供物资或者提供服务，并在本组合地区内有工作地点，被认为继续利用本组合事业是适当的个人。 ③以本组合的全部或部分地区为经营场所的农业合作社。 ④农事工会法人等在本组合的地区内有住所，且主要成员是第 2 项第 1 号或者第 2 号所列的人员，以在本协同组合组织下提升该成员的共同利益为目的的法人团体

资料来源：日本北海道今金町农协平成 31 年年报整理所得。

依据日本《农业协同组合法》，日本农业协同组合是基于广大农民自愿的基础上，可自由加入、退出的农民合作组织，同时，各地区农协也相应地对成员的加入条件做出了详细具体的规定和要求，对社员应履行的责任和义务、违反规定的惩戒措施等在章程中做出了明确的安排。例如，对违反贷款资金使用，隐瞒、虚报自身资产，拒绝缴纳会费等违反章程规定的成员，会相应地给予劝告、警告、强制除名等不同级别的惩罚措施。同时，与之相对的各基层农协对社员的合法权益也予以积极的保障，建立起个人信息隐私保护、利益冲突管理政策、投诉处理与争议管理等一系列制度安排，绝大多数基层农协还会将每年度的盈余提取一定比例作为成员子女奖学金项目、老年人慰问养老金等。例如日本爱知县农协以个人为对象，对个人定期存款进行随机抽取，设置定期存款支付合同额 50 万日元 1 份的抽选权，提供合同年度的第二年度及到期年度的两次抽选机会，赠送本县特色农畜产品礼品。另外，将相当于合同支付金额的 0.02%（上限为 300 万日元）作为奖学金支付给爱知县农业大学的学生。

（3）信贷业务管理。日本基层农协信用事业部是直接与社员发生信贷关系的业务部门，也是防控风险的第一道关口，其主要业务包括吸收社员的存款、发放贷款和进行本系统内的资金协调活动，但不能够向规定以外的机构、组织、个人发放贷款，坚持做农协成员的银行。贷款的主要用途一般为与农业生产经营活动紧密相连的业务领域，同时包括个人住宅、汽车、教育、装修等成员提升生活水平相关的贷款。值得一提的是，日本政府也将其作为政府政策性资金投入的一个重要途径，类似于日本第六产业化发展贷款、新农业支援基金、农业现代化基金、青年就业基金贷款等项目，其贷款资金主要来源均为政府财政资金，同时日本政府还会对贷款的利息、担保费等方面予以补贴，减轻农民、农户的贷款负担（见表 3 - 2）。

表 3 - 2 　　　　　　　　　日本名古屋市绿区农协担保贷款条件

商品名称	担保支援贷款（一般型）
适用对象	①本 JA（农协）的成员，从事农业的人或从事农业相关联事业的人； ②在本 JA 接受税务对应支援（结算书支援）等的人； ③原则上，可以提交最近 3 期的税务申报文件的人； ④得到爱知县农业信用基金协会保证的人； ⑤其他符合本 JA 规定条件的人
资金用途	个人：直接用于农业生产的运转资金； 法人：农业经营所需的运转资金
借入金额	1000 万日元以内；所需金额以内
借入期限	不超过一年
融资利率	本 JA 规定的利率；有关详细信息，请与 JA 的融资联系人联系
还款方式	本金偿还原则上是一次性偿还或本金均等偿还（每次支付一定数额本金和本金当期结算的利息的方法）
担保	原则上不需要担保
保证	如有必要，请利用爱知县农业信用基金协会的保证
保证金	可以选择一次性预付款或分期付款： ①一次性预付贷款时请一次性支付保证金； ②分期付款时，为配合约定偿还日的本金偿还，请支付保证金，保证费率每年为 0.33%

资料来源：日本名古屋市绿区农协年报整理所得。

在贷款审查方面，对于一般性的贷款需求，信用事业部依据申请成员所提供的资料以及农协系统内对该成员所掌握的资产、家庭状况等方面的信息，对其还款能力及信用状况进行评价。对于个别特殊业务需求或大宗商品交易，信用部门将进一步组织召开理事会议共同讨论做出协调并给出决定。此外，在农业事业部、融资营业部及信用业务部在实施信用相关的第一次审查的基础上，确立独立于上述部门的风险统括部实施信用相关的二次审查，并定期监视贷款资金运用状况，同时向资金运用风险管理委员会报告，形成了信贷业务审查的相互牵制。

在信用风险控制方面，作为东亚信用合作模式的代表，日本充分发挥综合农协的优势，利用农协内经营的农业生产、农副产品经营流通等业务活动所掌握的信息控制风险。例如，名古屋市绿区农协信用部门在开展相关贷款业务的活动中，原则上每周召开一次由各事业部理事长所组成的 ALM（生命周期管理）委员会，进行信息沟通和交流，尽可能地对潜在的风险提前预警，并针对性地采取防范措施进行处理。同时，农协利用系统内产业覆盖全、结合程度高的优势，多数贷款项目形成了资金的闭环运行，大大降低了农协信用部开展信用合作的信用风险。此外，日本农协对贷款成员抵押的农业生产设备机具、农业生产资料、房屋等担保物可进行便利化的流转处理，通过农户贷款抵押物形成了有效的风险控制。

在坏账风险抵御方面，日本在各都道府县一级信农联均建立起了农业信用基金，资金的来源主要为农林中央金库、农协、农户以及政府财政资金，在涉及一些大额度、长周期、高风险的贷款项目时，均需获得本地域农协农业信用基金的保证后方可得到审批。同时日本政府对保证金费用给予了重要的分担，多数保证金费用由政府及农协共同分担支付，农户无须或只需支付很少的一部分费用即可获得农业信用基金协会的保证，相当于政府及农协出资鼓励农户、农民利用和使用农业信用保证基金。一方面，政府通过此途径为农协信用合作注入资金支持；另一方面，帮助贷款农户提升了风险抵御的能力，同时减轻了农民、农户贷款和还款的负担压力。此外，基层农协也会将每年度的盈余资金提取相应的比例作为风险拨备，有效增强农协信用合作的风险抵御能力（见图 3 -7）。

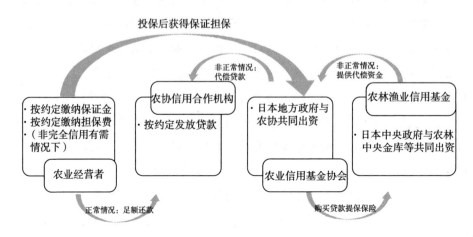

图 3 - 7　日本农协信用合作部信贷担保运转流程

资料来源：日本农林中央金库历年年报。

（4）信用合作安全网。在日本政府的支持和帮助下，日本农协为实现其信用合作事业的健康可持续发展建立起了较为完善的风险防控制度，包括"预防破产制度""储蓄保险制度""相互援助制度""自然灾害补偿制度"等多种风险防控措施。

储蓄保险制度作为与商业银行等存款金融机构类似的一项公共制度，是由日本政府、日本中央银行、农林中央金库以及都道府县信农联各按25%的比例投入资金，共同组建"农林水产业协同组合储金保险公司"，初始资金规模为3亿日元，所有在农协银行办理储蓄存款等相关业务均自动享有此制度的风险保障，当出现农林水产业协同组合无力返还储蓄者存款的情形时，由该公司负责向储蓄者返还存款，最高赔偿额为1 000万日元，最终建立起一个独立的信用合作体系存款保险制度。

预防破产制度，是日本农协开展信用合作中一项重要的风险防控制度，农协依据各农协在日常开展信用合作业务活动的财务指标和事业经营情况进行评估和度量，一般划分为三个级别的风险情形（见表3 - 3和表3 - 4）。

表 3 - 3　　　　　　日本农协预防破产制度评级标准（资金方面）

指定评级	指定标准	期间的改善目标
级别 1	需要改善的 JA（以经营检查为基准）被指定改善后 2 年未达到指定基准的改善目标	2 年内，改善到 JA 指定的符合指定基准的状态
	实际权益比率 6% ~ 8%	在 2 年内，提升到消除此评级的水平
级别 2	该事业年度最后一天的资本充足率存在问题的可能性高，且导致经营恶化和破产的可能性高的 JA	1 年内，关于事业重组的合同经 JA 决议接受并批准
	实际权益比率 4% ~ 6%	1 年内提高到级别 1 的水平
级别 3	在改善目标期间内没有改善经营状况，预计今后也难以改善经营	6 个月内对组织进行整合（对信联、农林中央金库的事业转让等），破产的情况下立即实行
	实际权益比率小于 4%	

资料来源：日本农林中央金库 2018 年年报整理所得。

表 3 - 4　　　　　　日本农协预防破产制度评级标准（运营方面）

指定评级		指定标准
级别 1	资金运作体制	①体制备齐标准中的资金运用体制的项目不完善；②信用事业接受行政机关的业务改善命令等（资金运用体制）的情况
	不良事件检查	①需要改善 JA（以"不良事件检查"为基准）在规定的整改期间内没有改善到指定目标的情况；②需要改善 JA（以"不良事件检查"为基准）符合指定要求的丑闻多发的情况
	体制整备	①在 JA 中发生了与董事等相关的管理方面存在问题的情况；②"需要改善 JA（体制整备基准）"在体制整备计划中规定的期间内没有达到指定改善目标的情况
	会计审核	根据法令或章程应设置会计、审计人员的 JA - 信联，在缺乏会计、审计人员后不能迅速选定会计、审计人员等情况
级别 2		级别 1 指定改善后，经过 2 年整改完善的目标仍不达标的情况
级别 3		对持续经营带来阻碍的重大问题

资料来源：日本农林中央金库 2018 年年报整理所得。

对发生预防破产制度中对应评级情况的地域农协，上级农协将对出现问题的农协在信用合作的业务活动范围、资金运用等方面加以限制，并制定出对应各级别风险情形的补救、支援措施，尽可能地在组织发生破产倒闭等严重风险前能够防患于未然，提高风险预警识别，及时调整回归正常经营秩序（见表 3 - 5）。

表 3 – 5   日本农协预防破产制度指定评级资金限制

级别		适用对象
级别1	贷出	①地方公务员贷款； ②地方公务员以外的团体（需事先经过地方公务员担保方可贷出）； ③国家、地方公务员保证、农协内部有损失社员贷款（短期支援资金）； ④自有存款担保贷款、共济担保、有价证券担保贷款； ⑤其他JA银行大纲所规定的，担保后可贷出
	有价证券	①国债、地方债、政府担保债； ②农林债券； ③既有的有价证券，根据设定的基准水平，在不扩大损失的情况下可使用
级别2 级别3	贷出	新的资金运用仅限定于信连、农林中央金库的储备金。以下情况除外： ①自有存款担保抵押贷出； ②国家、地方公务员保证、农协内部有损失社员贷款（短期支援资金）； ③其他JA银行大纲所规定的，担保后可贷出
	有价证券	既有的有价证券，根据设定的基准水平，在不扩大损失的情况下可使用

资料来源：日本农林中央金库2018年年报整理所得。

对可能发生破产危险的农协，农林中央金库同时会协调其他信农联对其给予利息补贴、债务保证、资本注入、资金支持、损害担保等不同方式的救助支援，每年基层农协也会提取自身盈余的10%比例存至农林中央金库，作为专项风险准备金。此外，日本作为一个自然灾害多发的国家，政府将农业自然灾害的救助支援与农协开展信用合作事业的业务相结合，对类似于发生"日本东京大地震"此类特别严重的自然灾害事件，通过农协信用事业部建立起的特别支援制度进行援助。从而一方面使农协信用合作事业承担了部分政府的职能和作用，分担了政府的工作压力，另一方面增强了农协信用合作开展过程中的风险防控能力，达到了政府与农协的合作共赢。

（5）内外部监管。在日本农协开展信用合作事业的内外部监管方面，日本农协经过几十年的发展已形成了一个较为完善的独立监管体系和制度，包括对其开展的内部信用合作事业也通过建立《农林中央金库法》等专门性法律，由农林水产省金融科、金融监管厅专门的监管部门进行监管，形成了一个独立的信用合作监管体系。

内部监管方面主要包括本农协监事室、监察室以及上级农协的内部检查，日本农协颁布了《高级职员的行动规范》，规定职员应该遵守的法令，包括事故等发生时的应对措施等内容，为了进一步提高法规遵从性意识，每年日本农协还邀请外部有关讲师对职员进行法规遵从性的培训。同时，日本农协在内部职员中还设立了监察士，配合内部监察室进行农协业务运行的日常监督，并设立以理事长、常务理事为主要组成人员的风险管理委员会，针对农协开展的信用合作业务活动，综合把握收益和各种风险状况，迅速将财务状况等信息与相关决策、业务执行情况相联系，并将委员会认为必要的事项报告给理事会和经营管理委员会，努力维持农协包括信用合作事业在内的各项业务活动的正常有序开展（见图 3 - 8）。

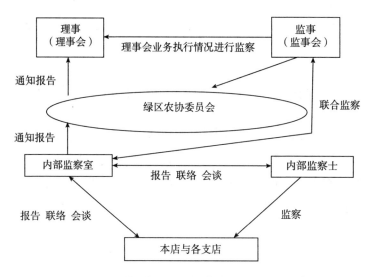

图 3 - 8　日本爱知县绿区农协监察制度安排框架

资料来源：根据日本爱知县绿区农协年度报告自行整理所得。

外部监管方面，日本农协开展的信用合作事业主要受到日本政府金融监管厅和农林水产部金融科的监督管理。由于信用合作其性质不同于一般的商业银行等金融机构，信贷资金的借款对象、贷款用途等方面不同于一般的商业性贷款，所开展的业务经营活动具有一定的特殊性。因此，日本政府一方面由对各综合性金融机构监督管理经验较为丰富的金融监管厅对部分业务活动进行指导、审查；另一方面在涉农服务方面经验较足的农林水产部中下设金融科，专门针对信用合作事业进行监督管理，弥补了农业管理部门中对金融领域知识经验存在问题的短板。从而二者相互配合，发挥各自优势，同时提升了对农协信用合作事业的专业化监管水平。

此外，日本政府监管部门对农协信用合作所开展的业务活动、产品内容、财务数据等方面的披露工作非常重视，各基层农协信用部门店及其官方网站对其所提供的各种存款、贷款的种类、申请条件、抵押担保内容等均公开披露，并设置了利益冲突管理措施、特殊情况处理办法、投诉管理制度等应对可能发生纠纷的一系列制度办法。同时，每年度各基层农协均需按照《农业协同组合法》《农协银行基本方针》等法律规定进行财务报告和审计检查，对其年度农协运行的存贷款发生额、资本充足率、存贷比等一系列财务指标按统一规定的核算方法进行计算和报告，同时要求对社会公开，在其农协的官网网站一般均可获得下载途径。

3.1.3 日本农协信用合作治理成功的原因分析

基于对日本农协信用合作治理机制设计的分析，采用剩余控制权与剩余索取权相匹配理论进一步解读日本农协信用合作治理成功的原因。

（1）日本在国家层面建立相应的保障支持体系和监管体系，实现了外部投入与剩余控制权、索取权的匹配及有效实施。

在日本政府对农协开展信用合作事业的外部投入方面，日本政府自农协诞生之日起，就一直伴随着其成长和发展，在立法保障、政策支持、资金投入等方面给予了重要的支持。在立法保障方面，日本政府自 1947 年颁布《农业协同组合法》开始，随后相继出台《农林中央金库法》《农业基本法》《农协财务处理基准令》等一系列相关法律法规，为日本农协内部开展信用合作事业在国家法律层面保驾护航，奠定了根本性的法律制度基础。同时，随着农协的发展和市场化的竞争，日本政府也在法律制度方面不断做出改革和调整，顺应社会和市场的变化发展。

在政策、资金支持方面，日本学者东畑精一指出，承担日本农业发展的企业家责任并非农产品的收购商和加工商，而是日本政府。日本农协信用合作的发展过程中，日本政府扮演了主导农业资源重新配置和货币资本向农村、农业倾斜的重要角色，例如在农林中央金库建立初期，日本政府投入 20 亿日元支持其建设，占其初始资金的一半规模，待农林中央金库发展转好后，政府逐步退出；在税收优惠方面，日本规定，农协在纳税方面比其他一般法人的纳税率低 10 个百分点左右。此外，日本政府对农协开展信用合作还输送了大量的人才、技术等资源，每年度对其职员、成员开展技能、法律等方面的培训和研修，对其运行设备、后台系统工程等建设提供重要的技术支持，增强了其市场化的竞争能力。

在风险保障方面，日本政府帮助农协建立起"存款储蓄保险""预防破产制度"等多种风险防控制度，在农协建立的信用保证基金、风险发展基金等方面，都由日本政府牵头注入大量资金组建而成。同时，日本充分发挥政府信用背书的重要作用，为其提供信用担保、低息贷款等援助；积极建立农民、农户土地、生产设备、生产资料等可流转市场体系，增强农民信用，为农协信用合作的可持续发展打下了坚实的基础。

另外，日本政府通过法律法规的约束、专管部门的监督管理等方面，有效获取了农协信用合作组织的外部剩余控制权、索取权。法律制度一方面是支撑其信用合作事业发展的保障，另一方面也是对其业务活动开展的规范和约束，日本农协信用合作所提供的金融服务产品、内部管理制度、财务报表数据等内容均需符合相关法律条文要求。在部门监管方面，日本为其建立起独立的信用合作监管体系，由金融监管厅和农林水产部金融科实行专业化监管，与一般商业银行等金融机构区分开，实行专业化、专门化的监督管理，避免了监管真空现象的发生，并有效获取了地方政府剩余控制权。

此外，日本农协及其所开展的信用合作事业承担了相当一部分政府的职能和作用，例如日本的第六产业化运动、农业现代化机械改革等政策的实施，均可从农协信用合作所提供的服务产品中见其身影，日本政府将其政策内容与农协信用合作开展的业务活动、产品等紧密结合，成为政府向农村地区输送资金和贯彻落实相关农业政策的重要抓手，也使农协的信用合作事业为缓解日本农村、农业融资需求做出了重要贡献，推动了日本农业现代化的发展。

最终，日本政府有效获取了对农协信用合作事业的外部剩余控制权及索取权，通过建立保障支持体系和监督管理体系等内容，实现了政府外部投入与剩余控制权、索取权相匹配，并通过不断地改革和完善制度管理体系，加强了其剩余控制权、索取权的有效实施（见图 3-9）。

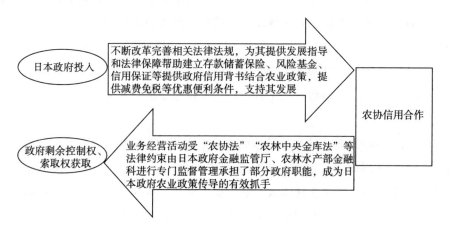

图 3 - 9　日本政府对农协信用合作投入与剩余控制权相匹配

资料来源：日本农林中央金库历年年报。

（2）日本基层农协信用合作通过"一人一票"的民主管理、严格的社员资格认定及管理、有效的监察及权力制衡、合理的盈余分配等治理设计，最终实现了农协内部成员投入与剩余控制权、索取权的匹配及有效实施。

同样依据剩余控制权理论对日本农协信用合作内部治理展开分析，在农协信用合作的内部投入方面，广大社员参与者依据章程规约出资入股，承担相应的义务责任，并且在使用农协信用合作服务产品的过程中，如储蓄、投资、抵押担保自身资产于农协等方面，承担了对农协信用合作组织发生破产、解散、重组等潜在风险，将自身利益与农协信用合作事业绑在一起，进行了风险投入。社员出资入股加入农协，建立信用合作事业部，基层农协信用部出资建立信农联，信农联出资建立农林中央金库，最终形成自下而上、层层入股的三级组织架构。而上层组织并非作为上级机构领导下层组织，而是更好地发挥组织规模优势，对下层组织进行资金协调、救助支援、业务指导等服务。其选举的理事长、高级管理职员、一般雇用人员等，均需按照章程规定承担自身职责，充分发挥自身学识才干、信息资源优势，履行责任义务。

另外，广大社员通过总会民主治理，不因出资的多少而区别票数权力，按照"一人一票"的民主治理原则对本组合的章程、规约进行制定和修改，共同决定组合的重大事项，并下设产生理事会、监事会、各事业部理事课长等机构及管理人员，执行总会意志。同时，日本农协对内部高级管理人员及职员的行动规范、薪资报酬披露等方面都做出了明确、具体的规定，各高级管理人员的薪资、退休金等情况均需作为公开披露内容在年度报告中出现，作为总会审查的重要内容之一。同时，日本农协及信用合作事业按照成员对事业的风险投入、事业使用量等情况进行合理的盈余分配，一般对于事业使用越多、交易量越大的成员，对其分红回馈等回报也越大，最终能够使其成员获取对应的风险投入回报及补偿。此外，农协通过举办成员、职工研修学习、讲座培训；教育奖学金、老年人养老慰问金等活动，增强成员的民主管理意识和合作意识，提升成员的民主管理能力，并通过一系列明确、具体的条文规定和监管制度，保障广大社员有效获取农协信用合作内部剩余控制权及索取权（见图 3 - 10）。

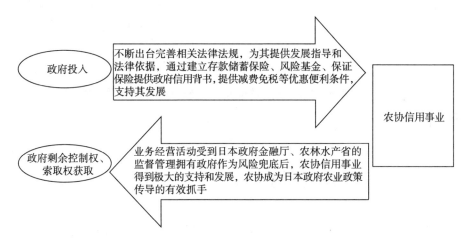

图 3 - 10　日本农协信用合作社员投入与剩余控制权相匹配

资料来源：根据相关理论及日本农林中央金库历年年报。

　　通过梳理，外部日本政府在法律、政策、资金等方面为农协信用合作组织提供保障支持，通过建立专门的监督管理体系、传导政府相关政策等，获取相应的外部剩余控制权、索取权。内部社员自愿加入，进行风险投入，并通过民主治理；完善的监督管理体系及合理的风险补偿回报，获取相匹配的内部剩余控制权、索取权，最终实现了内外部投入与剩余控制权、索取权的相匹配及有效实施，也使日本农协及其信用合作事业能够成为代表广大农民利益，并为自身提供服务的团体组织，为促进日本农业现代化发展发挥了重要的作用（见图3－11）。

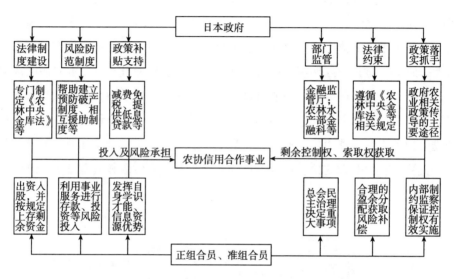

图3－11　日本农协信用合作内外部投入与剩余控制权、索取权相匹配

资料来源：根据相关理论及日本农林中央金库历年年报。

3.2　韩国农协内部信用合作治理—风险—绩效研究

韩国综合农协于1961年正式成立，依据韩国《农业协同组合法》成立韩国农业协同组合中央会，中央会下设四个部门，分别是教育资源部、农业经济部、畜产经济部和信用合作部，其信用合作部即为农协开展信用合作事业的主要负责机构。信用合作部主要为本农协成员提供贷款、储蓄、保险、投资等综合性金融服务。这里值得一提的是，韩国的农业协同组合与日本农协有一点不同：韩国农协是由原有建立的农业协同组合的基础上，与韩国农业银行合并而成，在政府的推动下，韩国农业银行作为一个政策性的资本加入农协，所以韩国在早期成立之初就有了这种以商业和公司来支持农业的理念。

韩国农协在历史发展中也在进行不断的改革和创新，尤其是在2012年，随着市场竞争愈加激烈的态势，为了顺应市场的发展，提升自身的农协运营效率，韩国农协下定决心从理念到实践进行一系列的改革。首先取消了原有三层农协中的中间层次，仅保留基层农协和中央层面的农业协同组合；然后由韩国农协中央会全资控股成立两大控股公司：韩国农协经济控股公司和韩国农协金融控股公司，并且规定两大控股公司无论亏损盈利与否，每年均需向韩国农协中央会缴纳25‰的品牌名称使用费。其中，韩国农协经济控股公司主要为社员生产的农产品和涉农产品的营销和流通提供服务支持，韩国农协金融控股公司则主要为社员在生产经营过程的资金信贷需求、保险保障等方面提供服务支持。韩国农协金融控股公司作为韩国农协中央会全资控股的公司，也是农协开展信用合作的最高层组织机构，子公司包括农协银行、农协保险公司、农协证券资产经营公司等，公司始终以为农服务、为农协成员提供服务作为经营使命，采用企业化经营的模式，为农协所开展的信用合作业务提供强有力的支撑（见图3-12）。

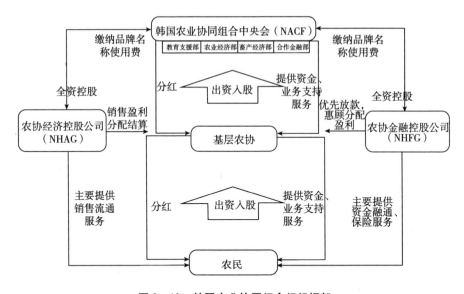

图 3 - 12　韩国农业协同组合组织框架

资料来源：韩国农协中央会金融控股公司历年管理报告，http://www.nhfngroup.com。

3.2.1　韩国农协信用合作的治理绩效

对韩国农协开展信用合作绩效的评价，主要是从资产、资本、资本充足率、收入、盈利、支农贷款等方面进行分析，从而比较全面的反映韩国农协开展信用合作的治理绩效。

（1）韩国农协中央会金融控股公司资本资产情况。根据韩国农协金融控股公司 2020 年公布的最新数据显示，截至 2019 年底，农协金融控股公司所统计的总资产规模已达到 4 369 885 亿韩元，总资产规模呈现出稳定增长的态势，自有资本从 2013 年的 17.7 万亿韩元增长到 2019 年的 23.7 万亿韩元，翻了近 1 倍。表明韩国农协所开展的信用合作事业的规模和实力都在不断的增强，且相较于国内的其他金融集团公司，韩国农协金融控股公司的竞争优势也在逐步增强，总体呈现出健康发展的良好态势（见图 3 – 13）。

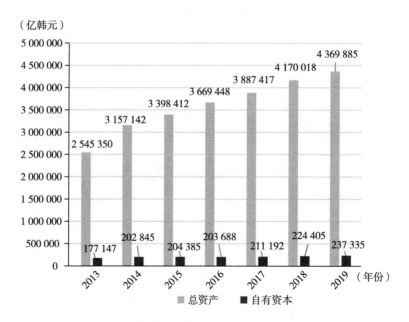

图 3 – 13　2013 ~ 2019 年韩国农协金融控股公司近年来资本资产变化情况

资料来源：韩国农协中央会金融控股公司历年管理报告，http://www.nhfngroup.com。

（2）韩国农协中央会金融控股公司收入盈利情况。韩国农协信用合作事业的收入盈利方面，由图 3 – 14 可知，2013 ~ 2019 年，农协金融控股公司支农费用负担前的营业利润保持逐年上升的趋势，2019 年支农费用负担前利润达到 38 730 亿韩元，净利润方面由于 2015 年和 2016 年受宏观经济的影响，以及农协金融控股公司所固定负担的中央会品牌使用费，净利润有所下降，利润增速 2015 年为 -0.84%，有所下滑，但总体增速基本保持在 6% 以上，表明农协信用合作事业经营状况持续保持良好态势，具有较稳定的盈利能力。

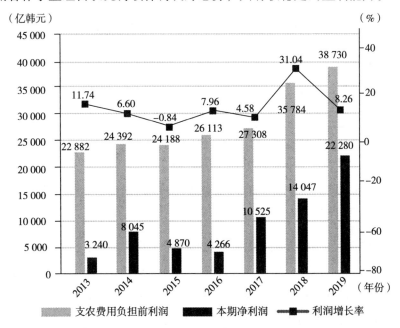

（亿韩元）   （%）

图 3-14   2013~2019 年韩国农协金融控股公司近年来收入盈利变化情况

资料来源：韩国农协中央会金融控股公司历年管理报告，http：//www.nhfngroup.com。

（3）韩国农协中央会金融控股公司资本充足率情况。资本充足率方面，近 7 年来韩国农协金融控股公司总资本比率始终保持在 13%~15% 的稳定区间，普通股比率和基本资本比率总体趋势向上增长，资本充足率始终保持在合理、稳定区间，表明韩国农协信用合作事业总体上风险控制良好，发生系统性风险的可能性低（见图 3-15）。

（4）韩国农协中央会金融控股公司支农效应情况。由图 3.16 可知，近几年来农协金融控股公司贷款及应收账款逐年攀升，2019 年达到了 277.5 万亿韩元，贷款的流向主要为农协成员的生产经营和基本生活消费领域，包括涉农服务的大型基础设施项目建设。同时，农协中央会全资控股的性质决定了企业化经营的金融控股公司的主要服务对象，每年农协金融控股公司需从营业利润中提取一定比例资金作为专项支农费用，转移支付给子公司农协银行，但近几

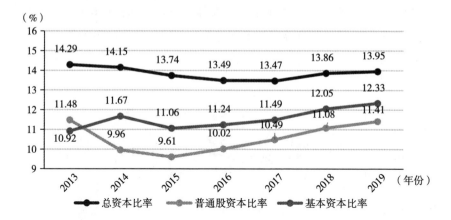

图 3 - 15　2013 ~ 2019 年韩国农协金融控股公司近年来资本风险比率变化情况

资料来源：韩国农协中央会金融控股公司历年管理报告，http：//www. nhfngroup. com。

年农协金融控股公司的专项支农费用负担并未出现明显增长，且在贷款的增速
方面，近几年的增速也有所放缓，近三年的贷款增速维持在 6.5% 左右，其主
要原因为韩国农业自身发展的需求有所放缓，已度过了高速发展期，所以贷款
的增速及专项支农费用负担均有所放缓，但贷款总额的增长表明农协信用合作
事业的支农效应并未减弱，仍保持在不断增强的过程中（见图 3 - 16）。

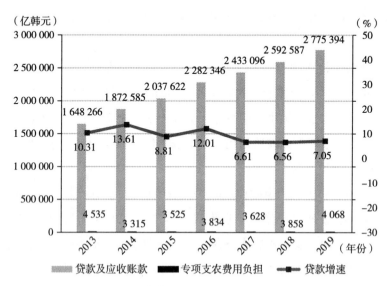

图 3 - 16　2013 ~ 2019 年韩国农协金融控股公司近年来支农效应变化情况

资料来源：韩国农协中央会金融控股公司历年管理报告，http：//www. nhfngroup. com。

3.2.2 韩国农协信用合作治理设计与风险防控的实践

韩国农协内部开展信用合作是如何通过治理机制的设计来防控风险并保证了良好的运行绩效是分析的重点，本书主要从组织管理、社员资格认定及管理、选举管理、信用合作安全网、内外部监管等方面详细探讨其治理机制设计。

（1）组织管理。韩国基层农协的最高权力机构是全体大会，全体大会由全体农协成员（代表）组成，组合工会会长做其议长，由全体大会无记名投票选举产生，大会分为定期大会和临时大会。

以韩国北东安农业协同组合为例，根据其组合章程规定，以下事项必须经过全体大会表决方可通过：更改章程；组合更改，例如解散、重组或并购；组合成员被除名；董事会成员的选举和职务任免；针对组合会长和监事的奖惩（如果来自监督机关或中央会做出的措施要求，应在遵循监督机关或中央会的措施要求基础上，对其职务进行停职以上的惩罚，并通过表决）；业务计划的确立、收支预算的编制和事业计划以及收支预算的报告；职员报酬和实际费用补偿；董事会主席或理事会会长的任免①。

理事会由各理事组成，理事会会长由董事长提名，在全体大会上表决任免，理事会成员在全体大会上选举产生，理事的提名和选举依据章程规定应考虑到当地的组合成员人数、区域、交通、性别等方面的因素。理事会的组成成员还包括非成员理事，非成员理事是指当地学识渊博、经验丰富的非组合成员。

依据北东安农业协同组合章程，常任理事应满足以下条件之一：

一是工会、中央会（包括中央会的子公司和分公司）或联合会的全职工作时间超过五年的人；

二是五年以上从事与农畜产业有关的国家机构、地方自治团体、公共机构运营管理、研究机构或教育机构的人；

---

① 资料来源于韩国북안동농업협동조합，http：//www.andongma.com/board/index.php。

三是与农、畜产业或金融业相关的公司（包括资本 200 亿韩元以上的自有公司）有五年以上工作经验的人。

由此可见，韩国基层农协的社员全体大会负责本农协的要事和重大事项的决策决定，董事会作为其代表进行日常的部署工作，而理事会负责执行和日常的经营管理活动，其信用合作业务活动的开展同样是由相应的合作金融部理事长进行负责管理，并且其章程都对各组织机构的职责分工和成员组成上进行了具体的规定和说明，最终保证成员通过全体大会将自身剩余控制权、索取权得到有效的执行和落实。

（2）社员资格认定及管理。韩国基层农协社员一般分为正组合员和准组合员，其加入、退出、选举等均是依据韩国《农业协同组合法》的基础上，各基层农协依据自身情况进行一定的调整。这里我们以韩国永德农业协同组合为例进行介绍，根据其全体大会通过的章程规定，其合作社的成员应满足以下条件之一：

①申请人的住址或企业所在地应在本组合的地区范围内。

②在本组合地区范围内从事农业经营活动，或符合韩国《农渔业经营机构法》第 16 条和第 19 条规定的农业公司法人。此外，组合成员不得作为其他地区农协的组合成员加入①。

符合条件的自然人和法人首先向组合提交申请，申请加入组合的自然人，将写有自身家庭情况、预出资总额及农田面积等事项在内的申请书递交组合；申请加入组合的法人，将公司的章程和议决的会议备忘录、事业计划书、财务情况表和损益表，以及写有法人主体名称、地址、预出资的总额等事项的加入申请书一并提交到组合。组合在受理自然人或法人的申请书后，将与董事会进行讨论，审查其是否符合成为组合成员的资格，并以书面方式通知是否同意其加入本组合。组合没有正当理由不得拒绝有会员资格的人加入，或提出比其他组合成员不平等的加入条件。但是，对于被组合除名还不到 2 年的人，可以拒绝其加入。且根据韩国《农业协同组合法》第 59 条第 1 项第 1 条的规定，会员在加入组合后的 1 年零 6 个月内，不能加入在同一个区域内设立的其他地区的农业协同组合（见表 3 -6）。

---

① 韩国영덕농업협동조합이라，http：//yeongdeoknh.com/bbs/board.php。

表 3 - 6　　　　　　　韩国永德农业协同组合社员加入所需递交材料

申请对象	须递交的材料
自然人	①申请人姓名，出生年月日，住址； ②家庭成员情况； ③加入组合的预出资总额； ④农田面积和主作物名称等组合成员资格认定所需的事项； ⑤参加组合运营及事业使用的协议
法人	①法人主体名称、代表的姓名、出生日期和住址； ②法律登记证明和主要办公所在地； ③成员数及加入组合的预出资总额； ④主要事业类型； ⑤联合运营参与和商定协议

资料来源：韩国영덕농업협동조합이라，http://yeongdeoknh.com/bbs/board.php。

　　申请者通过申请后，缴纳出资即成为组合成员，组合会将成员姓名和其地址或住所及加入年月日写在农协成员的名册上，出资 1 股的金额一般为 5 000 韩元，法人应至少出资 20 股以上，但是组合成员 1 人的出资总额不能超过 1 万股。

　　组合成员有权申请退出组合，法人团体成员退出时，应附上表决退出的会议纪要，并向组合董事会提出申请。以下情况属于自然退出：不符合组合的成员资格认定；死亡；破产；受到刑事审判；组合主体解散。

　　组合成员有以下情况的，经全体会议通过表决后予以除名：超过一年以上不利用组合事业的情况；根据《组合法》第 5 条第 1 项第 2 条 2 年以上不利用经济事业的情况；未履行缴纳出资和费用的义务；由于故意或重大的过失导致组合损失或丧失了组合的信誉。成员如预被大会除名，大会应在开会 10 天前通知该成员开除的原因，并在全体大会上为其提供陈述意见的机会。

　　根据韩国农协法规定，正组合员依据"一人一票"的原则享有选举权和被选举权，但规定新加入的成员 6 个月内无法享有该权利，主要目的是保障选举的公平公正性。准组合成员同正式成员一样拥有事业使用权、配额申请权和入会退还权益申请权，但没有选举权和被选举权，且准组合员与正组合员出资入股不同，准组合员是根据组合的规定缴纳经费、费用及存款。

　　根据其章程规定，组合可以发行优先股，以通过扩充权益来促进农协经营的可持续发展。但是，对于其他组合、共同事业法人、品种联合会或中央会（包括中央会的子公司和分公司），不能够对其发行优先股。与普通股一样，优先股一股出资的金额是 5 000 韩元，但优先股出资的总额不能超过总资本的

1/2，且分红率一般为票面金额的3%～10%，由全体大会定期召开会议决定。当组合变更事项导致优先出资者受损时，应在发行的优先股股东总数的过半数股东出席的大会上，得到出席代表成员2/3以上的同意。

（3）选举制度。1989年开始，韩国农协负责人的选举制度由任命制转为直选制，由基层农协社员选举产生本农协的理事长和理事会成员，再由各基层农协理事长选举产生代表，组成韩国农协中央会的基层农协理事长代表会，在这个选举过程中，选举的票数会根据理事长所在基层农协的成员数多少而不同，设置一社一票到一社三票不等的投票权，尽可能地在选举过程中做到公平合理，最终选举产生农协中央会会长。

韩国基层农协的选举办法主要是依据农协法的规定内容而设立，韩国农协上到中央会，下到每一个基层农协的章程中，都制定有一套完善而详细的选举办法，在选举时会组建专门的选举管理委员会负责选举的重要事项安排及管理，并且对其中一些流程及概念的界定均有详细具体的解释和说明，包括对选举人、选举权、被选举权等概念的规定，对创建和阅览选民名单、候选人登记申请、投票手册发放、投票程序、当选办法等流程都有详细的规定安排，并且在其选举的过程中，为保障选举的公开、公正、透明，韩国农协制定有严格的选举禁止事项（见表3-7）。

表3-7　　　　　　　　韩国永德农业协同组合选举办法（部分）

事项	条款规定
选举运动的定义	①阐述有关选举的简单见解和胜任理由； ②候选人和选举运动的准备行为
选举运动的禁止事项	①利用自身地位来参与或参与竞选运动的不正当策划或其他不正当竞选的行为； ②调查选民对候选人（包括想要成为候选人的人）的支持率，或公布其支持情况的一种行为； ③诬蔑候选人（包括想成为候选人的人），不准以声讨竞选为目的，毁谤候选人的配偶、直系亲属或兄弟姐妹； ④制定选举人名单者不得故意在选举人名单上填入或记载虚假事实； ⑤伪造姓名或伪造投票； ⑥任何人不得以选举运动为由，召集选民（包括有资格成为选举人的人），或将选举人聚集在特定场所； ⑦禁止在其选举期间对亲属以外的人婚丧仪式进行非通常情况下的贺礼、礼品（除花环、花盆等）或主持婚礼的行为； ⑧候选人、候选人的配偶、候选人所属的机构在选举日后就当选或不当选，为对选民表示答谢，不能提供金钱馈赠或变相馈赠金钱等价物； ⑨不能聚集选民来举行当选祝愿会或落选的慰问会

续表

事项	条款规定
投票程序	①选举管理委员会在选民投票时根据选民名单来核对选民资格； ②管理委员会在投票当日的投票所，根据居民身份证确认本人身份，要求其在选民名册上签字，然后提交投票用纸； ③选民应使用根据候选人之间的抽签得到的记号和候选人的声明指定其选票； ④选民用投票所规定的投票用具在选票纸上打票后放入投票箱完成投票
当选办法	①候选人中有效投票中得票最多的得票者是当选人，在得票者票数相同超过2人的情况下，长者当选为当选人； ②当选人的得票数应当超过出席选民人数的半数以上，如果当选人的票数未能过半但位置仍有空缺，将对未过半数的候选人重新投票； ③候选人登记结束时，登记的候选人为1人，或者在候选人登记结束后，选举日投票结束时间为止，候选人因退出、死亡或登记无效，在候选人人数变为1人时，不实施投票，并将候选人定为选举日的当选人

资料来源：韩国영덕농업협동조합이라，http：//yeongdeoknh.com/bbs/board.php。

以上是韩国永德农协选举中的部分规定，此外，章程中还规定了在选举时的捐赠行为；竞选时的衣着，配饰；竞选宣传海报；竞选时发放的名片；选举日后的答谢行为；投票所的设置；投票开票参观者设置；无效投票情况；重新选举及补缺选举；选举记录等具体细节内容。完善具体的选举制度，保证了广大社员选举其自身代表的公正合理性，同时也保证了广大社员能够有效获取农协及其信用合作组织的内部剩余控制权、索取权。

（4）信用合作安全网。韩国农协建立的早期阶段，韩国政府为了支持其信用合作事业的发展，利用自身财政及政府的信用背书，建立了信用保证基金，委托农协中央会经营，担保费率一般为0.2%～1%，为农协系统的信贷提供了信用担保。并且韩国农协在政府的支持下建立了呆账准备金制度，政府允许农协区别于其他商业银行，根据不同的贷款类别和风险状况设置自身的呆账准备金提取比例，农协将关注贷款、次级贷款、损失贷款设置了2%～100%不等的呆账准备金提取比例。

在农协内部，中央会下设的合作金融部相当于农协的"中央银行"，中央会设立有合作信贷专用账户，基层农协信用合作组织需向其缴纳存款的10%作为存款准备金，1‰作为存款保险金。该账户的主要作用就是为了弥补基层农协信用合作组织出现的资金流动性存在的问题，对出现困难的基层农协信用合作组织进行资金调剂，剩余资金主要投资于债券和股票，以保证一定的营利性。韩国农协还建立有合作信贷援助基金，由基层农协和中央会共同出资建立，此外，各地农协还自发建立有信用合作存款者保护基金，自愿增持农协资本，目前已占到农协总资本的10%以上（见图3-17）。

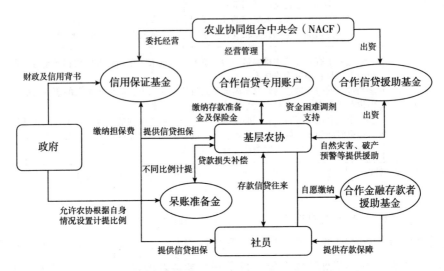

图3-17　韩国农协信用合作风险防控制度

资料来源：韩国农协中央会金融控股公司2019年季报。

在风险的管理方面，韩国农协合作金融部建立了包括风险管理高级决策制定机构、风险管理委员会、风险管理协会、风险主管（CRO）、风险管理部和风险核查部等风险管理组织，并且韩国农协为统一风险管理构建和运行了四个风险管理系统：信用评估系统、信用RWA计算系统、总风险管理系统和市场风险系统。该风险管理系统充分发挥利用现代信息技术手段来加强对农协运营的风险控制，提升了韩国农协信用合作在现代化发展的竞争力（见表3-8）。

表3-8　　　　　　韩国农协信用合作四大风险管理控制系统

风险	风险管理控制系统	主要特性
信用	信用评估系统	支持非零售信贷信用评级、信用评级监控、信贷决策支持
	RWA计算系统	计算和报告信用风险资产（RWA）
	集成的TE限额管理系统	管理Total Exposure限制

续表

风险	风险管理控制系统	主要特性
市场	市场风险系统	市场风险资产（RWA）计算和报告

资料来源：韩国农协中央会金融控股公司历年年报。

风险管理部门主要将风险划分为信用风险、运营风险、市场风险、流动性风险、利息风险等，并针对每一种风险类型都做出了相应的管理和控制措施。例如在流动性风险的控制中，通过"危机情况分析"，将流动性危机级别分为1、2和3，按级别划分评级（即1、2、3分别对应警告、边界和严重阶段），对进入该级别的早期预警指标计数进行合计后，预先识别风险，继而实施填补漏洞和补救计划。通过帮助制定流动性风险管理策略，提供流动性风险主动管理措施，包括调整允差、调整特别流动性资产的规模、紧急采购计划的数量等（见表3-9）。

表3-9　　　　　　　　韩国农协信用合作流动性风险控制行动计划

阶段	行动计划
警告阶段	①短期批发资金（例如隔夜拆借利率、活期贷款利率等）贷款交易确认及限度进行检查）； ②审核无担保批发资金（债券、存托凭证等）采购； ③向上调整FTP扩充营业点的存款； ④复查替代资金采购
边界阶段	①利用所有借入交易的短期批发资金（RP等）扩大借入规模； ②扩大抵押批发资金（债券、存托凭证等）采购； ③FTP向上调整以及进行无担保零售资金采购（特殊存款）； ④扩充备用资金
严重阶段	①短期资金批发资金（货币资金等）最大限度借入； ②无担保批发资金（债券、存托凭证等）最大限度筹集资金； ③延长无担保零售资金（特销存款），无限期延长； ④实施特销利率上调，最大限度地筹措替代资金

资料来源：韩国农协中央会金融控股公司历年年报。

（5）内外部监管。强化监管是有效控制风险的重要手段，韩国对农协开展的信用合作一直坚持内外部双重监管的原则，建立了双重监管制度。

在外部监管中，韩国农协主要受到韩国农林水产部和金融监督委员会的监管，农林部有权对农协依法监管，例如在基层农协的最高权力机构全体大会中，其成员拥有取消表决的请求权，即组合成员可以对举行全体会议（包括创立大会）的召集程序、议决方法、议决内容，以及管理人员选举的程序，以违反法令或章程为由，向农林水产部提出表决或选举无效，或者向法院提出异议申请，从而让农协社员在外部维权的过程中"有门可找"。而在涉及信用合作相关业务活动的监管职责主要由金融监督委员会进行负责，当农协合作金融部的评价结果不达标时，金融监督委员有权关闭或者停止其信用合作部的相关业务。

内部监管方面，主要依靠监事会和审计部门发挥监管作用，农协中央会也建立有相应的风险管理委员会和审计监察部门，对基层农协的财务状况和风险状况做出定期和不定期的评价和监察。如高管的薪资报酬及实费补偿将在每个会计年度的事业计划书和收支预算书的报告中予以披露，工会会长在定期总会一周前需将结算报告书（包括事业报告、财务状况表、收入报表等）提交给审计者，由外部审计人员接受会计监察后，提交外部会计监察报告书。

内外部的双重监管相互配合，弥补了各自在监管中可能存在监管真空和监管困难的问题，对于农协开展的信用合作此类特殊性质的金融组织活动，韩国政府依据相关法律，由金融监督管理委员会及其下属的地方性组织，包括人寿保险协会等专门的金融监管机构进行联合监管，有效避免了其信用合作事业发展的外部监管空白问题，最终保障政府及内部广大社员有效获取其信用合作事业的剩余控制权及索取权。

3.2.3 韩国农协信用合作治理成功的原因分析

基于对韩国农协信用合作治理机制设计的分析，采用剩余控制权与剩余索取权相匹配理论进一步解读韩国农协信用合作治理成功的原因。

（1）韩国政府对农协信用合作的资金支持、政策保障等投入与其外部剩余控制权、索取权的获取相匹配，且实施有效。

在资金投入方面，韩国农协在其成立之初，在政府的推动下韩国农业银行就作为政策性资本注入到了农协之中，极大增强了韩国农协发展信用合作在起步之初时的财力实力，包括在 2012 年农协银行从农协系统独立之后，其后每年韩国农协中央会作为股东的股权收益和品牌使用费的收入也成为中央会主要的资金收入来源。同时，在韩国农协信用保证基金、储蓄存款保险、农协流通中心等建立的过程中，韩国政府的财政支持都为其提供了强有力的助力，大型流通设施的建设，一半以上都是由韩国国库出资支持，地方流通设施往往更是由地方政府全部出资，委托农协运营。

在立法保护上，不难看出日本农协和韩国农协的建立都属于"兵马未动，粮草先行"，农协的建立和发展都是在《农业协同组合法》的根本法基础之上，并且在随后农协信用合作事业的发展中，韩国政府特别制定有《韩国农业银行法》《农协保险法》等专门针对其信用合作相关的法律，为其保驾护航。

在政策支持上，韩国政府在优惠税收、利率，财政补贴等方面都对农协信用合作提供了"绿色通道"，例如韩国农协的储蓄年息利率比一般的银行高出2%~3%，极大增强了其农协开展信用合作的竞争力，同时在其信用合作涉及的保险、证券投资、黄金、外汇、汽车住房贷款消费等诸多业务中，也离不开韩国政府在其中的助力和引导，这也是韩国农协信用合作事业最终的发展能够跻身国际金融机构排名前列的重要原因之一。

另外，韩国农协开展信用合作的相关业务也受到了韩国政府相关部门的严格监管，韩国金融监督委员会承担起了规范其信用合作健康发展的重要职责。监督管理部门十分重视其经营风险管理中的透明度，每一个基层农协信用合作中的存款产品、贷款产品、养老金产品、人寿财产保险产品等都必须在其官方网站和门店公示栏中，按照规定进行披露，并且其每财政年度的财务报表、审计报表、包含关键性指标的财务信息都均需按照规定对外披露。此外，根据《农协法》，韩国的农林部长可以对农协组合与农协中央会进行直接监管或委派代表监管，农协在每个财政年度结束之后的三个月内，须向国会提交财务账目处理报告和年度报告。

在法律约束方面，法律始终起到的是保护和规范引导的双重作用，韩国农协信用合作的壮大发展离不开法律制度的支撑和监管，专有的信用合作相关法律也对其特殊性的金融机构组织加强了监管的有效性。例如，农协中工作人员虽并非公务员性质，但若其犯罪，则会按照韩国特别经济处罚法重罚，通常处罚力度是普通法的两倍以上。

因此，一方面，韩国政府对农协开展信用合作在法律政策上提供保护，通过优惠税收、费率等提供资金支持，同时在人才教育、技术资源等方面提供帮助，进行了大量的投入；另一方面，韩国政府通过专门立法监管、确立金融管理委员会等监管主体部门、结合利用其信用合作事业进行农业相关等方面的政府政策传导，有效获取了对农协信用合作事业的外部剩余控制权和索取权，实现了政府对其投入与外部剩余控制权、索取权获取的匹配。

（2）韩国农协内部信用合作明确的组织治理机制、完善具体的民主治理设计、合理的回报补偿，最终实现了内部成员投入与其获取内部剩余控制权、索取权的匹配及有效实施。

在农协信用合作内部投入方面，正组合员、准组合员按照章程约定自愿出资加入，并承担相应的责任与义务，例如韩国农协规定：对成员未按期履行出资或者缴纳经费义务的，自缴纳期限的次日起至缴纳完毕之日止，可以按日0.4‰的比例征收滞纳金。同时对未按照规定，无故长期不利用事业服务情况的成员，经全体大会决议后可将其除名。选举产生的代表理事长、常务理事等高级管理职员，均需按照章程规定履行自身职责，并接受成员与内部监察人员的监督。此外，2012年韩国农协的改革中，为提升农协的竞争力和盈利能力，中央会全资控股成立了韩国农协金融控股公司，中央会发挥自身资金、人才、技术等优势，对其金融控股公司进行了大量投入，旨在为农协成员在信用合作事业服务方面提供更有利的帮助。

另外，中央会通过每年向农协金融控股公司收取品牌使用费获取相应的风险投入回报，并且全资控股的唯一股东，中央会要求农协金融控股公司始终坚持优先为成员服务、为农业服务的初衷。同样，在基层农协的盈余分配中，韩国农协也十分重视分配的合理性和公平性，在农协盈余金的分配中，一般应遵循以下顺序进行分红：

①对工会成员的事业利用额进行分红；

②对工会成员出资缴纳额进行分红；

③对准工会成员的事业利用额进行分红，分红一般为每个财政年度收入的20%以上，理事会考虑到工会的经营，经过表决通过的情况除外。

同时，农协通过制定完善具体的选举制度、内部监督监察制度等，保障成员内部剩余控制权、索取权的有效获取，使其成员风险投入与获取的回报补偿相匹配。最终，韩国农协信用合作事业通过一系列内外部的治理安排设计，实现了内外部投入与剩余控制权、索取权获取的匹配及有效实施，遵循了这一内在理论逻辑，使韩国农协信用合作事业成为韩国农业生产经营活动的重要资金来源，政府相关农业政策传导实施的重要途径，实现农业现代化的中坚力量，助力其成为提升韩国农协竞争力的"强大利器"（见图 3 - 18）。

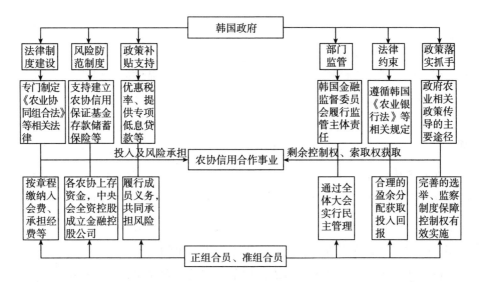

图 3 - 18　韩国农协信用合作内外部投入与剩余控制权、索取权相匹配

资料来源：韩国农协中央会金融控股公司历年年报及相关理论绘制。

3.3　东亚模式信用合作治理成功的借鉴

3.3.1　地方政府投入与剩余控制权匹配及有效实施

地方政府投入方面，在法律制度建设上，日本和韩国均颁布了专门针对农协开展信用合作事业的专门法律法规，例如日本的《农林中央金库法》《农协财务处理基准令》和韩国的《农业协同组合法》等，并且随着市场的竞争和农协的发展，政府都对相关法律法规进行了多次修订和改革，日本的《农林中央金库法》颁布至今已修改 67 次之多，根本性的法律制度为其发展提供了重要的支撑和保护。在政府政策支持方面，其农协信用合作事业的发展离不开政府的有力支持，日本政府对农协的信用合作事业在利率和税收优惠方面都给予了特殊的支持，使其能够以高于日本其他金融机构 0.1% 的利率吸收会员的存款；韩国政府对农协的贷款业务配套了 60% 以上的信贷补贴资金。在风险防控方面，日本和韩国政府帮助农协建立起了信用保证基金、风险补偿基金等，纳入存款保险制度，并充分发挥其他社会组织所无法替代的政府信用背书作用，在其发展的初期提供了强有力的支持和助力。

在地方政府剩余控制权、索取权获取方面，日本和韩国利用法律法规保护其信用合作事业发展的同时，对其业务活动范围、产品披露、经营状况审查等各方面做出了规范和约束；在监督管理方面，安排了专门的监管部门进行独立监管，例如日本的金融监管厅、韩国金融监督委员会等，提升了对信用合作组织监管的专业化水平，明确了监管的主体以及监管职责内容，形成了有效监管；在政策传导抓手方面，农协成为其政府在农村地区贯彻落实政策项目的重要途径和渠道，农协信用合作事业的诸多业务与产品均结合了政府的相关农业政策和改革内容，使其信用合作事业为缓解农民、农户的融资需求发挥了重要作用，同时为推进农业农村现代化发展做出了突出的贡献。

最终使日本和韩国政府在其农协内部开展信用合作组织的过程中，政府的资金支持、风险承担等方面的投入获得了相应的回报补偿，实现了政府外部投入与剩余控制权、索取权获取的匹配，并能够通过完善的制度体系保障其外部剩余控制权、索取权的有效实施。

3.3.2 内部成员投入与剩余控制权匹配及有效实施

在内部投入方面，成员依照章程约定出资缴纳会费、年度会费等，并按照约定使用其农协的事业服务内容。同时在利用其业务活动的服务过程中，例如储蓄、投资、抵押担保等进行了风险承担。在成员才能学识的投入方面，农协从其成员中选举产生的理事、监事代表等发挥自身才能，包括利用外部人员所缺乏的内部"熟人社会"的信息资源优势等，致力于农协的经营发展。

在内部剩余控制权、索取权的获取方面，"一人一票"的民主治理坚持农协的互助合作性质，成员既是事业服务享受者，也是管理经营者，合理的盈余分配使得社员在投入和承担风险后获得相应的风险补偿。同时，日本和韩国农协均在章程中对成员加入、退出的条件；成员资格划分认定；权利与义务等做出了详细的规定，保障内部剩余控制权掌握在成员自身手中而不发生转移，并通过完善的监事会、内部监察以及外部监管制度体系保障剩余控制权的有效实施。

最终，日本和韩国农协开展的信用合作事业在内外部实现了投入与剩余控制权、索取权的匹配，地方政府及内部成员的投入都获得了相应的回报补偿，在其治理安排的设计过程中，遵循了这一内在逻辑原理，并通过不断的改革和完善制度体系来维持这一平衡关系，保证信用合作组织治理有效，最终实现了农协内部信用合作事业的健康可持续发展。

第4章

我国近代信用合作治理—风险—绩效研究

4.1 我国近代早期开展信用合作的治理—风险—绩效研究

自信用合作思想从国外传入我国，20 世纪 20 年代在现实与历史发展的推动下，我国开展了早期的农村信用合作的实践，1923 年，我国第一家农民信用合作社——华洋义赈救灾会在河北省香河县创办，我国近代的农村信用合作事业由此起步，各地方在中国华洋义赈总会的指导和支持下，掀起了一股建立农村信用合作社的热潮，虽然当时北洋政府对此采取的是"放任自流"的态度，并未提供相应的支持和保护，但华洋义赈会带领下的各地方信用合作社为缓解农村资金短缺、促进农村经济发展仍取得了一定的成效。1927 年，为了推动农村的发展以更好地夺取抗战胜利，在南京国民政府的推动下，农民信用合作社的数量迅速增加，相关法律法规陆续出台，同时国民政府在中央建立了合作金库，在地方建立省合作金库与县合作金库，形成了从中央到地方的农村信用合作体系。但随后由于国民政府对地方信用合作社疏于监管，偏重资金的供给，地方信用合作社管理无序，农村信用合作体系未能发挥实际作用。

4.1.1 我国近代早期信用合作治理设计与风险防控的实践

我国近代早期开展信用合作是如何通过治理机制的设计来防控风险是分析的重点，本书主要从组织管理、社员资格认定及管理、信贷业务、内外部监管等方面详细探讨其治理机制设计。

（1）组织管理。自河北省香河县华洋义赈会建立发端之后，各地农民信用合作社成立的早期阶段，其治理组织架构基本均是按照社员大会、理事会、监事会等进行设置，各地信用合作社的章程制定一般遵循华洋义赈总会所指导的范本建立，合作社理事一般都由当地德高望重、有一定名望及学识出众者担任，同时华洋义赈总会还对各地方信用合作社开展业务的范围、地方社的成绩考核等方面做出了相应的规定。

在 1927 年，信用合作社的权力基本掌握在了基层政府手中，理事长一般由地方的保甲长出任，而保甲长大多是地方的地主、豪强等，与政府部门也有着千丝万缕的关系，而入社的广大贫农社员则沦为其领导下的被剥削者。

关于合作金库建立的主要目的：一是为了帮助各地信用合作社进行资金调剂、指导支持等；二是为了国民政府能够更好地管理和获取对信用合作社的控制权。合作金库的理事主要由国民政府派出的官员以及银行届的代表所担任，部门主要设置为"三处、三室"，分别为农贷处、农产处、会计处和稽核室、研究室、事务室。县合作金库由各地信用合作社入股出资加入，为主要股东，县合作金库股本存在的问题部分邀请地方政府及各类团体加入"提倡股"，最终成立股东大会形成权力机构，继而产生监事会和理事会。县合作金库向上组成省合作金库和中央合作金库，最终形成了一个政府自上而下推动下的农村信用合作体系网。

（2）社员资格认定。有关于社员资格甄别认定方面，各地信用合作社的一般原则有二：一是在当地品行端正，没有被指出有恶劣行迹者；二是对信用合作有一定认识，或者对其感兴趣，有意参与了解者。但在实际的社员加入过程中，以社员的身份、财产、社会关系等来评定社员的做法更为常见。而在后期国民政府的强力干预下，原有华洋义赈总会所提出的章程原则更是遭到了破坏，加入者的地位、身份、人际关系等成为入社的主要依据优势。

（3）信贷业务相关规定。初期建立的农民信用合作社，一般依照华洋义赈总会所指导的章程规定开展信贷业务，遵循了古典的合作制原则。在信用额度的评定方面，一般是由理事会的理事成员，根据社员的耕种田地、家庭情况、社会经济活动等情况做出评定，授予其一个最高信用额度，之后再根据社员的实际需求进行追加。

在贷款的贷前审查方面，理事主要根据借款人的借款用途、抵押物及担保物的情况、过往借款人的信用状况、还款日期及利息等方面综合考虑，最终决定放款与否以及后续贷款的具体事项。在此方面，华洋义赈会有统一的信用合作社章程范本为各地信用合作社提供指导和参考，例如在借款人申请贷款过程中，章程中提及：即使贷款人提出的还款利息很高，抵押担保物优质，但借款用途不明，尤其不是用于直接生产中的贷款申请，也不可顾于情面等予以通过。

在担保和贷款监督方面，大多农民信用合作社的贷款申请借款者需要一到两个担保人作为担保，而担保人的主要作用并非当借款人违约还款后，替其垫付代偿，而是监督其能够按约使用贷款和还款。在贷款使用过程的监督方面，一般由信用合作社的理事负责，此外，社员推选出的类似于"监督委员"的监督人也是主要负责人之一，他们大多都是熟络当地人脉关系、具有信息优势的人士，从而能够及早地发现借款人违约使用借款等风险，以便采取补救措施。

在贷款的风险防控方面，主要可以划分为硬性约束和软性约束。硬性约束主要来自信用合作社章程所规定的无限连带责任，例如其章程一般规定，若其信用合作社出现亏损，在公积金弥补之后仍存在问题，存在的问题部分由本社全体社员承担。软性约束方面主要依靠乡里村间的"情面"以及个人的信用，当社员借款人拖欠或者不履行还款责任后，那么该社员在当地必然丧失了信用，其亲朋好友往往也会与其减少联系，这一点对于在农村较重视人际、信用的地区，对社员的遵守信用履约还款更加有约束力。

（4）内外部监管。在北洋政府统治时期，北洋政府由于自身能力有限，对民间开展的农民信用合作社的实践，基本采取的是"放任自流"的政策，对其不进行资金、政策等方面的投入，也不进行监管约束，各地方的信用合作社主要受到华洋义赈总会的指导和检查，由总会定期或不定期派员下到地方信用合作社进行调查指导，但华洋义赈总会主要提供的是宣传性的指导，并没有实质上的系统管理。虽然这一时期的农民信用合作缺乏外部支持和规范引导，但初期取得的绩效仍较为明显。

而后自 1927 年，在政府的推动下建立了合作金库，专门设立了合作司作为高层政府部门进行管理，并颁布了一系列相关法律法规，国民政府利用行政力量自上而下在全国范围内建立了农村信用合作体系，农民信用合作的数量激增，但由于国民政府的外部干预过强，出现了一些地方信用合作社强制农民加入的问题，同时理事长的任命制，使地方的农民信用合作社成为政府的基层机构，原有农民信用合作所立章程的内部监管制度逐渐失效，内部治理安排已然被地方政府的强势干预而"取而代之"。

4.1.2 我国近代早期信用合作治理的经验教训分析

基于对我国近代早期信用合作治理机制设计的分析，采用剩余控制权与剩余索取权相匹配理论进一步解读我国信用合作治理的经验教训。

（1）地方政府的过度干预下，内部剩余控制权、索取权逐渐从广大社员手中转移。

我国近代农村信用合作的早期实践自 20 世纪 20 年代初建立的华洋义赈救灾会为开端，而后在各地陆续"落地生根"，建立起当地的农民信用合作社，发展之初的信用合作社按照章程原则通过社员推选，产生了较合理的理事以及监事人选，使信用合作社内部的剩余控制权及索取权能够掌握在一般广大社员手中。此外，各地合作社按照章程规范内部治理制度，在贷款的审查、监督、追回以及其他治理安排中加强对风险的控制，基本能够保证信用合作社内部剩余控制权及索取权的有效实施而不发生转移，从而在合作社早期的发展过程中产生了一定的绩效和影响。

而后在国民政府上台执政后，虽国民政府通过颁布相关法规，建立合作金库，推动各地信用合作社的迅速发展，以政府的力量在全国范围内建立了农村信用合作体系，但政府的外部干预力量过强，内部原有的治理设计安排遭到破坏冲击，例如在借款者获得贷款的方式中，通过抵押担保的形式获得贷款的业务在全国范围内各省基本均占到一半以上，最高的省份占到了 70% 左右，说明能够单纯凭借自身信用获得贷款者少之又少，而放款者集中在富农、地主以及商人群体，合作社剩余控制权的转移所导致的结果逐渐显现，甚至出现信用合作社负责人凭借自身地位获得借款后，又以高贷款利率转贷给贫农；信用合作社成为国民政府的基层机构，负责人及理事长一般由基层政府代表或者地主、豪绅担任，除非信用合作社解散，否则社员不得退出。内部成员剩余控制权、索取权实施无效，华洋义赈会救灾会成立之初的农民合作互助精神已然变质。

（2）违背了内外部投入与剩余控制权、索取权获取相匹配原则的早期实践。

通过梳理，结合剩余控制权理论，可以发现在国民政府上台前，虽然当时的农村信用合作的早期实践在外部没有较多的投入支持和监管规范，但是民间自发建立起的信用合作社其在内部的治理安排设计中，短期内较好地实施和保障了剩余控制权和索取权能够掌握在广大的社员手中，使其能够获得投入及承担风险补偿匹配，在短期的发展中获得了明显的绩效。但从长期的发展趋势来看，缺乏外部的支持和引导，仅依靠内部的治理，合作社逐渐出现了内部管理问题，广大社员获取内部剩余控制权、索取权无法得到长期的维持，内部成员投入与剩余控制权、索取权获取相匹配的逻辑逐渐被打破，难以实现可持续性的发展。

此外，在国民政府上台后，高层政府在资金、法律法规建设等方面进行了投入，但高层政府并没有建立起一个有效的外部监督管理体系，未能有效获取外部剩余控制权、索取权，最终使低层政府掌握了信用合作社的剩余控制权，并且低层政府将其剩余控制权与索取权进一步延伸到了信用合作社的内部。"取而代之"的信用合作社内部剩余控制权掌握者，偏离了原有的互助合作精神，信用合作社成员自愿入社、退社自由原则完全失去了意义，导致信用合作社内部治理安排失效，成为国民政府基层政权的一部分，而对其注入大量资金等投入的高层政府不仅没有获得控制权，还需要承担低层政府管理无序所带来的风险，违背了内外部投入与剩余控制权、索取权获取相匹配的逻辑原则，加之战争动乱等诸多因素的影响，最终农村信用合作近代的早期实践也宣告失败（见表4-1）。

表4-1　近代信用合作早期实践的内外部投入与剩余控制权获取变化情况

分类	北洋政府统治时期	国民政府统治时期
外部投入	基本未投入	高层政府制定相关法规，投入资金，全国范围内建立农村信用合作体系
外部剩余控制权与索取权获取	未有效获取	无投入的低层政府获取了剩余控制权和索取权
是否匹配及有效实施	地方政府采取"放任自流"的态度，未有实质投入与剩余控制权获取	不匹配，高层政府外部剩余控制权、索取权未能有效获取
内部投入	社员投入资金及自身劳动	社员投入资金及自身劳动

分类	北洋政府统治时期	国民政府统治时期
内部剩余控制权与索取权获取	理事、监事基本由广大社员推选产生，广大社员获取内部剩余控制权、索取权	受地方政府过强干预，内部原有控制权从广大社员转移到基层政府、地主豪绅手中
是否匹配及有效实施	基本匹配但长期发展未能有效保障实施	不匹配，社员内部剩余控制权、索取权未能有效实施
绩效	短期发展取得了明显的绩效，但缺乏外部投入及规范引导，内部治理逐渐失效，无法实现可持续发展	政府推动下，信用合作社经历了高速扩张发展后，但内外部投入、风险承担与剩余控制权、索取权不匹配，弊端日益凸显

资料来源：根据相关理论及学者研究整理所得。

4.2　我国农村合作基金会治理—风险—绩效研究

农村合作基金会产生于 20 世纪 80 年代初，其出现主要是为缓解我国家庭联产承包制实行后农村融资的供求矛盾，由民间农民、农户自发组织建立。后来在地方政府的推动下，农村合作基金会在 20 世纪 90 年代得到了快速的发展，并得到了中央政府的认可和支持，但是大多数农村合作基金会的实际掌控者都是当地乡镇、村级的政府及党委，并且中央政府并未建立起一个完善的组织治理框架、体系进行管理，没有明确具体的法律文件进行指导和规范，随着时间的推移，农村合作基金会的各种弊端日益暴露，资金大量流入非农领域、管理混乱、挤兑风险等，1999 年，国务院下发通知，全国范围内统一取缔农村合作基金会，经营情况良好的并入农民信用合作社，从而到 2000 年底，经历十几年发展历程的农村合作基金会退出了历史舞台。

4.2.1　我国农村合作基金会治理设计与风险防控的实践

我国农村合作基金会是如何通过治理机制的设计来防控其风险是分析的重点，本书主要从组织管理、主要业务活动、主要风险防控措施、内外部监管等方面详细探讨其治理机制设计。

（1）组织管理。一般农村合作基金会属于乡镇经济联合社的下属组织，主要负责联合社的财务、资金流转等业务，而乡镇经济联合社主要受地方政府、党委的领导和控制，农村合作基金会的董事长一般由乡镇党委书记出任，而理事长等农村合作基金会的主要业务主管都是由董事会所聘任，所以农村合作基金会的主要权力都掌握在地方政府手中，主要管理者与当地政府领导班子是"一套人马，两块牌子"。

（2）主要业务活动。起初，农村合作基金会主要是承担起经济联合社的资金管理职能，但随着后续的发展，合作基金会实际演变成具有揽储、发放贷款等提供类似于银行主要业务活动的组织。经济联合社的股金一般分为基础股金、定期股金和活期股金，基础股金相当于股本，而定期和活期股金变相相当于定期存款和活期存款，与一般银行的区别主要在于其运作条件、兑现范围等只能够限于本村合作基金会，不可在其范围外进行流转。

（3）主要风险防控措施。在贷款对象方面，农村合作基金会一般要求本经济联合社的会员以及有相关合作的企事业单位可申请贷款。

在贷款审批中，农村合作基金会一般依据"五优先、六不借"的原则：股东优先、短周期优先、小额度优先、农业生产优先、优质抵押担保优先；违反法律法规的项目不借、贷款用途不明的不借、无相应担保和抵押的不借、设备性投资的不借、无还款能力的不借、超范围的不借。而在实际运行过程中，由于地方政府的干预，农村合作基金会的贷款资金往往流向的是还款风险高、与政府有相关联系的领域和企业。

（4）内外部监管。在外部监管方面，在农村合作基金会建立的初期，国家金融管理部门对此并不认可，但随着农村合作基金会的发展以及其取得的一定绩效的影响下，中央政府开始关注并支持、鼓励农村合作基金会的发展，在1991年中共十三届八中全会通过的《关于进一步加强农业和农村工作的决定》中,强调"继续办好农村合作基金会"，但一个明显的问题是中央层面自始至终没有一个明确的专门的法律法规为其提供指导，各地方也没有明确的监管部门进行监督管理，仅停留在"认可、支持、鼓励"的层面。

内部监管方面，由于农村合作基金会的实际控制者为地方政府官员、党委成员，农村合作基金会内部约束规约基本流于形式，合理的章程规约受地方政府的强力干预而遭到破坏。

4.2.2　农村合作基金会治理的经验教训分析

基于剩余控制权理论分析表明，在地方政府投入与控制方面，中央政府在农村合作基金会发展的初期，没有过多的关注和支持，随后的发展中，虽然中央和地方政府在部分法律文件中明确提出了认可、支持的态度，但自始至终没有一部专门针对其法律地位、性质、发展规范规定的根本性法律出台，也没有明确统一的监管部门对其进行监督管理，其外部投入仅停留在表面"认可"，而在法律制度的建立保护、监管部门的规范约束、完善的制度体系建立等方面均没有实质性的开展，导致其外部中央政府的剩余控制权、索取权无从获取，多数无投入的地方政府掌握了对农村合作基金会的外部剩余控制权、索取权，造成了外部投入与剩余控制权、索取权获取的不匹配。

在内部投入及剩余控制权获取方面，农村合作基金会成为一个名义上为农民合作互助组织，实际上由地方政府、党委所控制的"基层政府组织"，其业务活动受到了地方政府的强力干预，农户成员所缴纳的股金和储金最终大多流入了与政府目标相关联的非农领域，内部成员剩余控制权与索取权掌握在了无投入的地方政府手中，而风险则转嫁到了对其出资的农村合作基金会成员和无投入而需最后负责兜底的中央政府。

最终，内部实际出资和承担风险的社员得不到剩余控制权与索取权的回报，中央政府承担了最后兜底责任而又无实质外部剩余控制权和索取权，无投入的地方政府则获得了组织的剩余控制权和索取权，最终导致农村合作基金会处于内外部投入与剩余控制权、索取权获取不匹配的不合理状态，最后中央政府只能选择全部取缔关闭来结束这一其无法有效约束治理的组织（见表 4－2）。

表 4－2　　　农村合作基金会内外部投入与剩余控制权获取变化情况

项目	农村合作基金会
外部投入	未有根本性法律制度保障，体系组织架构建立等实质性投入
外部剩余控制权与索取权获取	无投入的地方政府获取了剩余控制权、索取权
是否匹配及有效实施	不匹配，中央政府未能有效获取外部剩余控制权、索取权
内部投入	社员投入资金及自身劳动

续表

项目	农村合作基金会
内部剩余控制权与索取权获取	无投入的地方政府获取了剩余控制权、索取权
是否匹配及有效实施	不匹配，广大社员未能有效获取内部剩余控制权、索取权
绩效	违背了内外部投入与剩余控制权、索取权获取相匹配的逻辑原则，最终被全部取缔关闭

资料来源：根据相关理论及学者研究整理所得。

4.3 农村信用合作社治理—风险—绩效研究

1951 年，中国人民银行颁布《农村信用合作社章程准则（草案）》和《农村信用互助小组公约（草案）》，我国第一批农村信用社（以下简称"农信社"）也于这一时期成立，而后农信社的发展可以分为四个阶段：

第一阶段是农信社建立的发展初期。这一阶段的农村信用社主要由广大农民入股加入，管理人员由社员共同选举产生，资金贷款流向主要为本社成员从事农业生产的相关经营活动，这一时期的经营活动、管理制度都较为符合古典合作社的基本原则；第二阶段是政府主导的农信社阶段。农信社的管理主体先后历经人民公社、生产大队、贫下中农，最后于 1963 年收归中国人民银行进行全面管理，这一时期的农村信用合作社没有独立性以及原有的合作性质，成为国家控制下管理农村资金工作的"基层机构"；第三阶段是恢复合作性质的规范发展阶段。党的十一届三中全会以后，政府意识到"官办"的农村信用社偏离了原有的信用合作属性，也难以满足家庭联产承包制下农村资金的需求，1984 年 8 月，国务院提出要"恢复和加强信用合作社组织上的群众性，管理上的民主性，经营上的灵活性"，并在随后的工作会议中多次强调要恢复农村信用社的合作性质。虽然此次改革对农村信用社的民主管理情况有了较大的改善，但是由于缺乏有力的监管监督和风险防控体系，在实际的农信社内部治理中，"三会"（即社员大会、理事会和监事会）制度并没有得到有效的实施，少数内部人控制的现象较为严重，资金大多流向了经济效益较好的乡镇企业，大多数农户成员贷款难的问题并没有得到解决；第四阶段是农信社彻底走上商业化道路。由于上一阶段农信社遗留的产权问题、管理制度问题、内部人控制问题等原因，农村信用社大多面临严重的经营不善和亏损情况，为扭转亏损，改善农信社产权制度以及内部治理结构，2003 年，国务院颁布《关于印发深化农村信用社改革试点方案的通知》，先后在我国 8 个省份开展了农信社的产权制度、管理体系的改革试点工作，2004 年在全国范围内推广，股份制化后的农村信用社，包括随后发展过程中出现的农村商业银行，虽然经营情况上有了较大的扭转和改善，但其在经营目标和管理体制上已经彻底走上了商业化的经营道路，站在农村信用合作的发展角度来看，农村信用社已不具备合作金融属性。

4.3.1　农信社治理设计与风险防控的实践

农信社是如何通过治理机制的设计来防控风险是分析的重点，本书主要从组织管理、内外部监管与风险防控等方面详细探讨其治理机制设计。

（1）四个阶段农信社的组织管理。农村信用社建立初期阶段。这一时期主要由入股加入的广大贫农组成的社员大会为内部权力主体，主要管理者、理事长都由社员大会通过选举产生，社员基本按照一人一股或一户一股自愿出资加入，符合古典合作制的基本原则。

政府直接领导阶段。农村信用社成为向计划经济过渡的工具，管理主体先后在人民公社、生产大队和贫下中农手中几经变更，最终收归中国人民银行进行管理，入社自愿、退社自由的原则也无法兑现，农村信用社主要由政府直接领导管理。

农信社回归合作性质的恢复阶段。这一时期虽然国家提出要把农信社改革成为具有大众性、民主性和便利性的群众性组织，各地农信社也相应地建立了社员大会、理事会和监事会的"三会"制度，但是在实践过程中往往流于外部形式，仍有少数内部人控制现象，资金的流动范围也超出了本社规定的范围内，且上一阶段遗留的产权不清问题也未得到解决。

农信社彻底走上商业化经营道路阶段。这一时期国家为解决农信社的产权、内部治理等问题，初期按照股份制、股份合作制以及合作制进行产权改革，到 2011 年银监会提出农村信用社利用五年时间消化历史亏损和坏账，全面完成股份制改革，并且国家将各地农信社的主管权力下放到了各地方政府，各地方政府帮助农信社建立起省、县两级的法人联合社，省级联合社不从事经营活动，主要是受省政府委托对下级县联合社的主要负责人任命、重大决策等事项进行管理，主要的风险承担者也从原来的中央政府转移到了各省区市的地方政府，由地方政府以自身未来财政预算作为信用背书承担首要风险责任，之后再由中央政府承担兜底责任。内部控制按照一般的股份制原则由入股的大股东所控制，改变了合作性质，主要经营目标也转为以商业化经营、获取盈利为目的。

（2）内部外监管与风险防控。农村信用社建立初期阶段。地方政府主要起到的是支持和指导的作用，政府支持各地按照自愿、民办、民主管理的原则，以"一村一社"作为未来发展目标鼓励农民发展信用合作社，1955年中国农业银行成立后的一项重要职能就是指导各地农村信用社的业务活动发展。但是对于农信社的监督管理，中央政府并没有明确各地由某一专门部门进行监管，也没有建立起一套针对农信社的风险防控体系，主要依靠农信社内部的自律和约束，存在严重的潜在风险。

政府主导阶段。由于地方政府的强力干预，农村信用社的内部管理基本由政府权力主体接管，监督管理工作也主要由政府行政体系开展。后期为整改农信社发展问题，一步步明确和加强了国家银行对农信社的领导和管理。

农信社回归合作性质的恢复阶段。这一时期国家提出农信社回归农村合作性质的改革，并安排中国农业银行作为其改革发展的指导机构，虽然农行领导下的农信社在扩大业务范围、增强灵活性等方面取得了一定的绩效，但是中国农业银行并非国家金融机构的监督管理部门，也没有专门的法律法规针对农信社进行监管，所以农信社内部的治理问题仍然没有较大的改善，即使1996年底农信社与中国农业银行脱钩分离，成为一个独立的金融机构，由于缺乏外部有效的监管和约束，其内部人控制的问题仍迟迟得不到有效的解决。

农信社彻底走上商业化经营道路阶段。2003年随着中央政府对农信社的改革，将管理农信社的主要权力下放至各地方政府，同时对农信社内部产权进行改革，逐步实行股份制商业化经营。由于农信社经营好坏将直接与地方政府的财政收入等方面挂钩，各地方政府积极帮助本地农信社的改革发展，农信社主要负责人任命通过省政府控制省级联合社，省级联合社控制县级联合社，但保留各县级农信社独立法人的自主经营权。同时，中央政府将农信社纳入商业银行管理体系当中，银监会作为专门的外部监管部门进行监督管理。

4.3.2　农信社治理的经验教训分析

同样站在剩余控制权理论的角度，对我国农村信用社发展的四个阶段内外部投入与剩余控制权、索取权进行分析。

农村信用社建立初期阶段。虽然通过提供低息贷款、贷款资金等方面给予了一定的政策支持，但是没有出台专门针对其发展信用合作的根本性法律，也没为其建立起独立的信用合作体系制度，外部投入对农信社的可持续发展难以维持。同样，在外部剩余控制权的获取方面，没有专门的监管部门负责管理，虽然其农信社内部治理符合古典合作制的基本原则，社员投入与内部剩余控制权、索取权获取基本匹配，但在缺乏外部的有效约束和规范下，广大社员内部剩余控制权、索取权获取逐渐失效，其长久发展难以为继。

政府主导阶段的农信社实际已成为基层政府职能机构，国家利用农信社作为向农村地区输送资金的通道，政府的干预使得农信社内外部剩余控制权完全被地方政府所掌握，农信社失去了民主管理、自愿入社退社等原有的合作性质。

农信社回归合作性质的恢复阶段。这一时期虽然中央政府以及大多数学者人士认识到应当恢复农村信用社原有的民主性、群众性、灵活性，将国家直接领导转向真正的农村信用合作发展道路，但在外部投入上依旧没有出台颁布专门的法律文件，支持、鼓励的软性态度投入无法替代硬性的法律制度投入，从而农信社少数内部人获取剩余控制权、索取权的问题也就得不到根本性的解决，社员民主合作建立的农村信用社也就难以真正实现。

农信社彻底走上商业化经营道路阶段。2003 年中央政府决定对农信社进行产权、治理改革，权力主体下放至各省区市的地方政府，同时各地农信社的风险责任也划分至各省区市地方政府，地方政府无法承担起农信社的风险责任后最终才由中央政府兜底负责，从而使农信社的发展与所在地省区市政府的相关利益绑定在了一起。过往农信社主要由国家直接领导管理，地方政府没有风险责任，从而对农信社的发展一般持"不管不问"的态度，甚至对农信社的贷款资金进行干预，造成了较多的坏账风险，中央政府对农信社的投入与外部剩余控制权、索取权获取不匹配。而中央政府将农信社的主管权力下放至地方政府，通过省级政府对农信社省级联合社的重大人事任命、重大事项决策的控制，获取对农信社的外部剩余控制权。同时将农信社的经营好坏与本省区市财政税收收入挂钩，各省区市地方政府获得激励，帮助其清理消化坏账亏损，并通过输送人才、提供政策支持，助力其发展。最终，各省区市地方政府在农信社的外部投入与剩余控制权、索取权获取上得到了匹配。

而在农信社内部治理方面，股份制化后基本与一般现代公司治理架构无异，各县级农信社、农商行实行独立的法人管理结构，参与入股的股东获取内部剩余控制权、索取权。最终走上商业化道路的农信社、农商行得以反转提升，可以说是成功的，但是农村信用社已成为名义上的"信用合作"，内部剩余控制权、索取权已不在广大普通农户、农民手中（见表4-3）。

表4-3　　　　农信社四个发展阶段内外部投入与剩余控制权获取变化情况

变化项	农村信用社建立初期阶段	政府主导的"官办"阶段	农信社回归合作性质的恢复阶段	农信社彻底走上商业化经营道路阶段
外部投入	停留在认可、支持的态度，没有建立专门的法律制度体系	政府将其作为管理农村地区金融工作的基层组织机构，注入资金	主要发挥指导、鼓励的作用，未有专门法律、独立的制度体系等实质性投入	各地方政府积极投入资金、人才、技术支持等
外部剩余控制权与索取权获取	没有专门的监管机构及法律进行约束管理	地方政府获得了剩余控制权和索取权	未获取外部剩余控制权、索取权	地方政府获取外部剩余控制权及索取权
是否匹配及有效实施	外部停留在表面投入，没有实质有效作用	不匹配；地方政府强力干预下获取剩余控制权与索取权进一步延伸至内部	外部剩余控制权、索取权未能有效实施	匹配；地方政府通过控制省级联合社有效获取外部剩余控制权、索取权
内部投入	社员投入资金及自身劳动	社员投入资金及自身劳动	社员投入资金及自身劳动	按现代公司制，股东投入资金资产等

变化项	农村信用社建立初期阶段	政府主导的"官办"阶段	农信社回归合作性质的恢复阶段	农信社彻底走上商业化经营道路阶段
内部剩余控制权与索取权获取	广大贫农社员组成的社员大会获取内部剩余控制权、索取权	地方政府获得内部剩余控制权、索取权	少数内部人获取内部剩余控制权与索取权	参与股东获取内部剩余控制权、索取权
是否匹配及有效实施	基本匹配但长期未能保障内部剩余控制权、索取权有效实施	不匹配	不匹配，缺乏外部法律保障及监管，内部治理流于形式	匹配，县级农信社独立法人资格拥有自主经营权
绩效	初期内部治理符合古典的合作性质原则，短期取得一定绩效，但长期发展逐渐出现问题	政府主导下的"官办"农信社丧失了自身独立性，不具备原有的合作性质	软性态度支持无法替代硬性的法律制度投入，内外部剩余控制权、索取权获取无效，农信社被少数内部人控制	2003 年农信社改革后，各地方农信社有较大扭转，走上商业化经营道路

资料来源：根据相关理论及学者研究整理所得。

4.4　我国开展信用合作经验的总结

4.4.1　内部成员及地方政府投入与剩余控制权获取的匹配问题

根据经典的剩余控制权理论，当出现初始合约规定以外的情况时，尤其是在发生利益冲突、纠纷时，只有掌握对组织的剩余控制权和索取权，才能够保证自身最终的话语权及权益。而对组织剩余控制权、索取权的获取必须与其投入、风险承担相匹配，否则组织的风险承担就会转嫁给对组织有投入，而没有剩余控制权、索取权的参与者，最终导致组织治理无效，我国早期试办信用合作社和后来农村合作基金会的经验教训进一步证明了此观点。我国早期试办的农民信用合作社在国民政府上台后，由于地方政府干预过强，将其剩余控制权进一步延伸至组织内部，信用合作社的理事长等主要负责人由保甲长出任，即地方的地主、豪强，从而使原本内部成员的剩余控制权丧失，民主管理原则失效，内部成员的投入及风险承担得不到相应的回报补偿，最终导致组织治理无效。同样，在我国农村合作基金会的发展过程中，内部成员的剩余控制权、索取权逐渐被地方政府、党委所掌握，名义上为农民信用合作组织，实际上已逐步成为"基层政府组织机构"，成员的出资投入无法获取相应的组织内部控制权和风险补偿，农村合作基金会问题暴露愈加严重，最终中央政府只能选择全部取缔关闭来结束这一治理无效的组织。

4.4.2　内部成员及地方政府剩余控制权有效实施的保障

保障信用合作组织地方政府及内部成员剩余控制权、索取权的有效实施是其治理有效的重要内容，否则，无法有效实施剩余控制权的结果仍然是投入与回报补偿不匹配，信用合作组织治理无效。在华洋义赈会创办农民信用合作社的初期，内部社员投入与剩余控制权、索取权是基本匹配的，符合古典的合作制原则，但由于缺乏外部的有效监管，仅仅依靠各地方信用合作社内部的监督和自律难以维持组织的长久发展，最终内部社员的剩余控制权逐渐转移至少数人手中，信用合作组织治理失效。同样在农村信用社恢复"三性"（组织上的群众性、管理上的民主性和业务经营上的灵活性）的过程中，虽然中央政府在多次会议中进行强调，做出部分部署安排，但始终未能建立起类似于日本农协和韩国农协内部开展信用合作独立的制度体系，未有根本性的法律为其提供支撑和引导，也未明确具体的监管部门对农村信用社实施有效的监督管理，外部剩余控制权未能有效实施的情况仍旧没有得到改变，软性态度的支持无法替代硬性法律制度的约束。

2003 年中央对农村信用社进行改革，地方政府通过省级联合社重大人事任命、重大事项决策的控制，有效获取外部剩余控制权、索取权，并在政府财政资金、人才技术支持等方面进行投入，地方政府投入与剩余控制权获取匹配，且能够有效实施。2003 年农信社改革后，其绩效大幅提升，但在内部成员的剩余控制权、索取权获取方面，大部分农村信用社已转制为农村商业银行，沿用商业银行治理改革的思路，农村信用社已成为名义上的"信用合作社"，成员民主管理，既是所有者也是客户、非营利性的组织特性早已不在，组织内部剩余控制权、索取权掌握在少数人手中，已丧失了合作制的性质。

第 5 章

我国合作社内部信用合作试点及典型模式

5.1 我国合作社内部信用合作发展总体情况

全国农民合作社的农户数不断增长的同时，农民合作社出资总额规模也不断扩大，农民合作社出资总额从 2008 年的 0.09 万亿元增长到 2015 年的 3.42 万亿元，短短七八年时间增长了 3.33 万亿元。农民合作社出资总额的不断发展壮大，为全国广大农村地区开展信用合作试点工作提供了坚实的基础。

2012 年至今，农民合作社处于培育信用互助阶段，银监会在 2012 年暂缓审批农村资金互助社牌照，民间信用互助组织正规化的大门又再次关闭，但此时政府部门的各项政策仍在引导各地的农民合作社培育发展资金互助。2014 年中央更加指明，"在管理民主、运行规范、带动力强的农民合作社和供销合作社基础上，培育发展农村合作金融——推动社区性农民资金互助组织发展"。广大农村地区的农民合作社和供销合作社，成为内部信用互助的组织基础。在此基础上，全国各地设立了众多的信用互助组织，但也存在各类市场主体假借合作社名义或以合作社组织形式进入农村市场，吸收公众存款或诈骗集资。如何规范发展农村地区的资金互助组织，成为目前政府不得不解决的难题。

农民合作社内部信用合作，经历了一条由民间的、非正式的逐渐发展到官方认可的、合法的坎坷道路，但仍然处在艰难的探索中。现阶段，农民合作社内部信用合作表现出来的风险、监管等问题并不能阻止其进一步壮大，改革、纠正这些问题正好是一个机遇，是其自我完善、自我规范的历史时期。

由于全国的合作社数量较多，达到 100 多万家，具体调研每家合作社是否开展内部信用合作，工作量较大，个人能力有限，调研起来有一定的困难；并且，合作社内部信用合作最近几年的发展不怎么好，2014 年的数据具有一定的代表性。2014 年，全国的合作社中开展合作社的数量达到了 2 000 多家，具体的数量如表 5 - 1 所示。

表 5 -1　　　　　　　2014 年全国开展信用合作的合作社数量

省市区	联合社数	国家级示范社数	省级示范社数	地市级示范社数	区县级示范社数	开展信用合作的总的合作社数
北京	0	9	8	0	2	31
天津	0	0	0	0	0	0
河北	0	0	8	15	12	119
山西	0	2	5	0	0	7
内蒙古	1	0	3	0	9	39
辽宁	1	3	3	1	1	8
吉林	3	4	8	3	5	42
黑龙江	0	0	0	0	0	0
上海	0	0	0	0	0	0
江苏	2	2	4	17	13	36
浙江	1	21	21	46	87	458
安徽	2	11	12	32	14	100
福建	0	2	2	0	3	7
江西	0	0	1	1	0	4
山东	0	7	22	113	57	513
河南	0	0	1	3	0	8
湖北	3	5	7	17	12	49
湖南	0	0	7	23	9	39
广东	0	0	0	0	0	0
广西	0	0	1	0	0	10
海南	0	1	1	0	1	3
重庆	0	1	1	0	2	6
四川	1	2	24	20	13	175
贵州	0	0	1	8	0	58
云南	1	2	26	18	40	408

续表

省市区	联合社数	国家级示范社数	省级示范社数	地市级示范社数	区县级示范社数	开展信用合作的总的合作社数
西藏	0	0	0	0	0	0
陕西	0	1	3	2	0	9
甘肃	3	4	1	21	14	40
青海	0	0	0	0	0	0
宁夏	0	0	0	0	0	0
新疆	0	0	0	0	0	0
大连	0	0	0	0	0	0
青岛	0	0	0	0	0	0
宁波	0	0	0	0	0	0
新疆生产建设兵团	0	0	0	0	0	0
合计	18	77	170	340	294	2 169

资料来源：2014 年农业部调研数据。

农民专业合作社信用合作主要呈现以下特点：

一是从总的数量上来看，其中依托农民专业合作社设立的信用合作组织数量是最多的，是目前合作金融组织中表现最为活跃的一种类型。

二是从成员规模大小看，开展信用合作业务的合作社总的数量不多，但是成员的规模普遍较大，开展信用合作业务的合作社社均成员达到了 200 多户。

三是从区域分布看，开展信用合作业务的合作社地区分布不均衡，东部地区达到了 1 000 多家，西部地区大概有 700 多家，中部地区只有 200 多家。

5.2　试点省份合作社内部信用合作的治理设计与风险防控

5.2.1　山东省合作社内部信用合作的治理设计与风险防控

2015 年，山东省被批准为全国唯一全省范围内开展新型农村合作金融的试点省份，山东省承担起了开展新型农村合作金融试点工作的主要职责，为全国范围内的新型农村合作金融试点改革探索经验。山东省地方金融监督管理局颁布了《山东省农民专业合作社信用互助业务试点管理办法》（以下简称"试点办法"，详细规定见附录 1）。

（1）组织管理。根据其试点办法，合作社开展的信用互助业务应当坚持对内不对外、社区性、民主管理的基本原则，不揽储，不约定固定收益，不对外投资，由有意愿参加合作的社员自愿出资加入，承担相应的风险，共同经营管理，以互助合作，解决"三农"中的"短、频、快、散"的资金需求为目的，不以营利为组织的发展目标。

建立流程方面，以山东省青州市的 F 果蔬合作社建立的资金互助组织为例，首先，由自愿开展资金互助业务的农民专业合作社向县（市、区）地方金融监管部门提出书面申请；其次，通过申请后取得"农民专业合作社信用互助业务资格认定书"（以下简称"资格认定书"）；最后，在市场监督管理部门完成变更登记手续后获得开展资金互助业务的试点资格①。

一般其试点工作所开展的地域范围为农民专业合作社所在乡（镇），有合理扩大需求的，经县（市、区）地方金融监管部门审核批准后，可将范围扩大至相邻的乡（镇），但范围不得超出其登记注册地所在的县（市、区）。申请开展信用互助业务试点的农民专业合作社，应当符合以下内容：

①具备法人资格，已依法完成工商部门的登记注册手续；

②合作社固定资产在 50 万元以上；

③理事、监事、高级管理人员应当具备履职所需的经济金融知识，熟悉并能够遵守相关的法律法规，信用状况良好；

④已建立起合理的内部管理制度、财务制度以及相应的风险防控制度，能够保证并维持资金互助业务的正常有序开展；此外，试点办法还要求自愿加入资金互助业务试点社的社员做出书面承诺，明确并自愿承担试点的风险，且需要通过本人签名盖章进行风险责任确认。

（2）社员管理。社员管理方面，以山东省潍坊市的 J 奶牛养殖合作社为例，结合本省发布的试点办法，该社规定只能与满足以下资格条件的社员进行资金互助业务的往来：

①参加资金互助业务的社员已加入本农民专业合作 1 年以上；

②自然人社员的户籍所在地或经常居住地、法人社员的登记注册所在地或日常经营办公场所，原则上应处于开展资金互助业务试点合作社所在行政村或

---

① 资料来源：山东省青州市供销合作网，http：//wfcoop.weifang.gov.cn。

乡（镇）地域范围内；

③法人社员的主要经营业务活动与本试点合作社的业务活动应当有直接关联关系，且近 2 年持续盈利。

有关于参与资金互助试点社员加入农民专业合作社的入社时间确定方面，由于合作社内部专业合作社过往的实际发展过程中，存在部分社员在实际情况中已长期与合作社进行业务往来，但未进行程序上的登记注册。针对该问题现象，试点办法做出相应的规定，原则上社员的入社时间应以市场监督管理部门的备案时间为依据，但对于实际情况中已与合作社从事的主要业务经营活动往来超过一年及以上，并且能够提供期间内与合作社进行业务往来的相关凭证，经合作社的理事以及 10 名以上已加入的试点社员（未满 10 人的，需全部签署）共同签字确认的，县级地方金融监督管理部门可依据其提供的材料认定社员的入社日期。同时，为增强信用互助试点业务的公开透明度，试点办法还规定，试点社应设立台账供社员查阅，内容包括加入社员的身份信息、出资金额日期、借用资金数额及日期等。

（3）运营管理及风险防控措施。山东省试点办法对信贷资金的发放限额、用途、资金托管等方面做出了指导要求，具体如表 5 - 2 整理所示。

表 5 - 2　　　山东省开展农村信用合作试点运营管理及风险防控措施

项目条款	具体内容
资金限额	试点社信用互助资金的限额一般应不超过 500 万元，确有实际需要的可适当提升限额，但最高不得超过 1000 万元；单一社员借款总额不得超过互助资金限额的 10%
出资限额	法人社员出资额不得超过试点社互助资金限额的 20%，自然人社员出资额一般应不超过上一年度本地区农民人均纯收入的 5 倍，最高不超过 10 万元
资金用途	原则上只能用于直接从事农业生产经营相关活动的短期资金需求，借款期限原则上不超过 1 年；在满足社员生产经营资金需求的基础之上，互助资金可用于社员购买家用电器、房屋修缮、子女教育等合理的一般性生活消费，但用于消费性的借款资金总额不得超过互助资金限额的 20%
贷款审核	一般应由试点社建立健全的信贷资金审核决策流程，成立由理事和社员代表组成的信贷资金评审小组，根据社员的信用状况、借款用途、生产经营情况等评估其还款能力，并决定借款额及费率
担保	可由评议小组自主决定是否需要担保，并可采取同社社员共同担保、家庭成员联保方式，农村土地承包经营权、农村居民房屋使用权和林权抵押等多种适当可行的担保措施

续表

项目条款	具体内容
财务制度	试点社应安排具备专业资格的会计人员担任财务工作，建立规范健全的财务制度，且试点社应使用的统一制式的专用账簿、凭证。涉及信用资金互助业务方面的年度盈余分配、亏损处理及财务报告应当独立核算，并进行公布供社员查阅
盈余分配	各试点社应遵循独立核算、自负盈亏的原则，资金互助的年度盈余一般应按照——弥补亏损；提取公积金；社员盈余返还的顺序进行分配，具体分配办法由试点社的会员代表大会做出决定
银行托管	试点社应选择一家托管银行开设"一般类存款账户"，作为开展资金互助业务的资金存放、支付和结算的唯一合作托管银行，并采取独立账户设置，与日常经营性资金分离

资料来源：山东地方金融监督管理局，http：//dfjrjgj. shandong. gov. cn/。

从表 5 – 2 中可以看出，山东省地方金融监管局对合作社信用互助试点工作做出了一般性的指导要求，在资金的规模、信贷限额、贷款的审核及担保等方面提出了基本的遵守规范，为试点社开展信用合作的风险防控构筑了一道风险防火墙。同时，充分发挥利用合作社在农户生产和销售流通中的信息资源优势进行风险管控，是山东省合作社开展信用合作中的一大特色。例如，山东枣庄市山亭区以合作社的恒温库为依托，要求果农将农产品储存在供销社冷库中，借款农户在贷款时以自身在冷库中的农产品作为抵押物，以此掌握借款农户流通销售经营过程中的信息，降低贷款风险，类似的还有"花生银行""粮食银行"等。

同时，山东省各地方政府和合作社积极探索"担保公司 + 合作社 + 银行 + 农户""担保公司 + 合作社 + 企业 + 农户"等多种业务模式，加强合作，分散风险。前者主要在经济实力较强、发展条件较好的地区，由地方政府、合作社、资金互助试点社共同出资成立投资担保公司，当资金互助试点社资金周转困难时，担保公司为其提供担保引入银行资金，银行授信给资金互助试点合作社发放贷款，到期由资金互助试点社承担全部还款责任。后者主要为资金互助试点社与农户生产销售有密切来往的相关企业建立合作关系，资金互助试点社向合作企业赊购大型生产设备、机械、农具时，由担保公司提供赊购担保，加强风险保障。

（4）外部监管。外部监管方面，目前山东省合作社所开展的信用合作业务主要遵循《山东省农民专业合作社信用互助业务试点管理办法》，地方县（市、区）政府作为第一责任人，地方金融监督管理部门作为具体的业务指导和监管部门，对试点社进行的资格认定、日常监管和风险防控，并且向同级政府及上一级地方金融监管部门汇报履职情况（见图 5 - 1）。

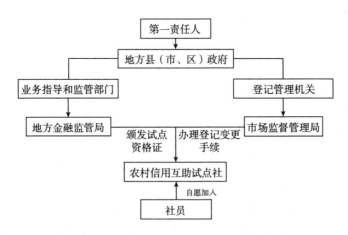

图 5 - 1　山东省农村信用合作组织管理框架

资料来源：根据《山东省农民专业合作社信用互助业务试点管理办法》绘制。

通过对其试点办法整理，地方金融监管局对试点社开展的资金互助业务主要有以下要求：①试点社应按月向辖区内地方金融监管部门报送业务及财务报表数据，按年度报送经营报告；②试点社的理事、监事、业务部经理及财务人员，应当定期参加地方金融监管部门组织的业务知识、技能培训，并通过地方金融监管部门组织的岗前从业知识考试；③所有试点社需具备地方金融监管部门颁发的资格认定书，并悬挂于办公场所的显眼位置，接受社员及社会监督；④地方金融监管部门可对试点社的业务进行现场检查，查阅、复制相关文件资料，对可能出现的风险问题，视风险的严重程度，采取风险提示、监管约谈、停顿整改等多种处理方式；⑤地方金融监管部门对试点社违法经营、经营不善、严重危害地区经济社会秩序等情形，可终止其试点资格，构成犯罪的，移交司法机关依法追究其法律责任。

5.2.2 浙江省供销社内部信用合作的治理设计与风险防控

浙江省受益于习近平总书记在浙江省主政期间所提出的生产、供销、信用"三位一体"服务模式的思想指导，结合本省金融管理水平较高、政府协调运作能力较强的优势，浙江省供销社制定了《浙江省农民合作经济组织联合会章程》，其供销社所建立的农民合作经济组织联合会在目前全国范围内具有代表性，取得的绩效明显。

目前浙江省供销社所实行的是"一家单位，两块牌子"，一块为"浙江省供销合作社联合社"，另一块为"浙江省农民合作经济组织联合会"。浙江省农民合作经济组织联合会（以下简称"农合联"）是由农民合作经济组织和各类为农服务组织（企业）等共同组成，自下而上组建省—市—县—乡四级农合联，上级农合联承担对下级农合联的指导、协调、服务和监督等职责，农业和农村工作办公室作为业务主管单位，民政厅作为登记管理机关。农合联按照农有、农治、农享原则，建立会员代表大会和理事会及执行委员会、监事会，实行民主管理，是非营利性、地方性、联合性社会团体（见图5-2）。

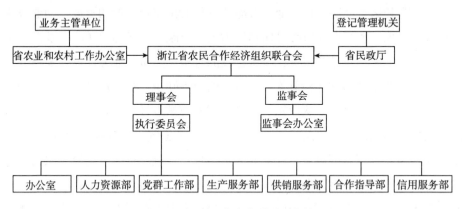

图5-2　浙江省农合联组织架构

资料来源：根据浙江省供销合作网农民合作经济组织联合会简介绘制。

（1）组织管理。根据《浙江省农民合作经济组织联合会章程》，会员（代表）大会是农合联的最高权力机构，每五年召开一次，省农合联会员代表大会中的代表成员，来自下级农合联成员的代表需高于2/3。其中，本级会员通过协商推荐的方式产生，下级会员通过协商推荐和民主选举相结合的方式产生，也可特邀部分会员代表。会员代表大会的主要权力包括：制定或修订章程；讨论决定本组织的工作计划、发展目标、重点任务和重大事项；选举和罢免理事、监事及其他高级管理人员；审阅和决议理事会、监事会的计划报告和财务报告等要事决策。

理事会是在日常组织的经营管理过程中，执行会员代表大会决策决议的常设机构，对会员代表大会负责并向其汇报履职情况，理事会全体会议每年至少召开一次，其职能一般包括：审核决定会员的入会、退出、除名等，并有权对会员在组织发展工作中的表现进行评价及奖惩；选举和罢免理事长、副理事长，依据章程在会员代表大会闭会期间，完成理事会成员的资料变更手续；执行和实施会员代表大会做出的部署决议，负责研究日常经营管理中的具体细则、制度。

监事会主要负责监督会员代表大会决定决策的执行情况，对会员代表大会负责并向其汇报工作，包括对年度财务报告进行监督和审计，并将审计结果、是否存在虚假报告等事项反馈于会员代表大会。此外监事会成员可列席理事会、执行委员会的全体会议，并有权提出质询，向会员代表大会反映情况。

此外，依据浙江省农合联的章程规定，农合联的法定代表人不能够再兼任其他社会组织团体的负责人，不提名企业单位的会员作为理事，以此来保证农合联理事当选者主要来自熟悉本地区社员人际关系的人士，而非在企业管理中能力突出的经营管理者。同时，农合联依据章程设置了非内部成员、非党政机关人员的独立理事，以此来增强农合联在开展信用合作业务中的经营管理能力①。

（2）会员资格认定及管理。根据章程，浙江省农合联会员主要分为团体会员和个人会员，资格认定办法及管理整理如表5-3所示。

---

① 浙江供销合作网，http：//www.zjcoop.gov.cn/。

表5-3　　　　　　　　　　浙江省农合联会员资格认定及管理

项目	个人会员	团体会员
主要对象	①以自然人身份加入的个人； ②主要为"三农"工作服务的党政机关部门负责人； ③对"三农"发展有理论研究、实践工作经验和社会影响的人士	①市、县（市、区）、乡镇农合联； ②规模较大的农民合作经济组织、新型农业经营主体； ③具有为农民合作经济组织和农业生产生活服务功能的涉农企事业单位； ④其他相关组织
入会条件	①承认组织章程； ②满足入会加入规定的资格条件； ③履行组织章程规定的义务	
会员权利	①享有选举权、被选举权和投票表决权； ②享受组织提供的各项事业服务； ③参与本会组织的各项活动； ④对本会工作提出批评、建议和监督； ⑤要求本会维护自身合法权益； ⑥自愿加入或退出本会	
会员义务	①遵守组织章程，执行组织决议，接受组织监督，维护组织合法权益； ②参加组织的各项活动，完成组织交办的各项工作； ③关心支持本会工作，及时向本会反映情况，提出意见和建议； ④按规定缴纳会费； ⑤规范使用本会标识	
入会流程	提交入会的书面申请，填写会员登记表，经理事会讨论决定后接收会员，并颁发会员证，缴纳会员入会会费。团体会员实行一年预备期考察培育制度	
退会流程	向理事会递交退会的书面申请材料，经理事会批准后办理退出注销手续，收回退出会员。会员连续两年不缴纳会费、不参加本会活动、不履行相关义务的，视为自动退会	
除名	会员严重违反本会章程或触犯法律的，经理事会审议通过，予以除名	

资料来源：根据《浙江省农民合作经济组织联合会章程》整理所得。

（3）风险防控措施。浙江省农合联为增强信用合作事业的服务以及风险防控能力，同时为实现会员资产的保值与增值，浙江省供销社、省农信联社和其他有较强实力的涉农企业等会员共同出资组建资产经营公司，引入了外部企业资金加入合作。但有所不同的是，参与投资的农合联会员享有股权分红和清退的优先权，资产经营公司的股东承担劣后责任。

资产经营公司实行独立核算、自主经营、自负盈亏、依法纳税。同时，农合联建立起了农民合作基金，资产经营公司每年以不低于年度盈余总额20%

的比例资金注入农民合作基金，农民合作基金以农合联会员入会会费为主要资金来源，由入会会费、政府支持资金、财政补贴收入、资产经营公司注入的资产收益、社会捐资捐赠和其他合法收入等构成。

在信贷担保方面，浙江省依托省农业信贷担保有限公司的平台优势，各市（县、区）供销社、农合联积极对接建立了各级农合联的信贷担保服务机构，同时积极寻求多渠道合作，共同分担风险、合作经营。例如，温州市供销社联合资金互助会，相关联产业链企业出资建立农信担保公司，截至 2019 年 12 月，全市供销社系统共组建 9 家农信担保公司，累计担保额达到了 4.5 亿元；杭州市供销农信担保公司与浙江兴合小贷公司签署战略合作协议，发挥外部优质小贷公司经营管理水平较高、机智灵活等优势，将其作为农村地区提供金融服务的重要载体①。

（4）外部监管。外部监管方面，浙江省农合联是由浙江省委、省政府所领导，业务主管部门是省农业和农村工作办公室，登记管理机构是省民政厅。根据省农合联章程规定，省农合联的理事会理事长、副理事长和监事会监事长、副监事长的候选人，包括理事会执行委员会主任、副主任的人选，担任职务前均须报请中共浙江省委同意，同时农合联需统一纳入浙江省委、省政府年度工作监督评价体系。

申请流程方面，一般资金互助会在当地民政部门登记为民办非企业法人，由供销社在乡镇、街道办事处提出申请，再通过县级农合联、政府金融监管局和农业局的核准，最终由县政府审议决定后成立，地方政府作为风险承担的第一责任人，市级监管部门不定期联合金融监督管理部门对资金互助会进行检查，并且农合联在换届或更换法定代表人之前，由登记管理机关、业务主管部门组织财务审计。

5.2.3　河北省合作社内部信用合作的治理设计与风险防控

河北省部分地市政府在本市内出台针对开展农村信用合作组织的市级法规文件，例如河北省遵化市出台了《关于资金互助社试点工作的实施意见》，但

---

① 资料来源：中国经济网. 浙江农村改革探索建立"三位一体"新型合作体系［R/OL］. (2017 - 07 - 14)，https：// www. sohu. com/a/157047862_120702。

覆盖面仅限于本地市范围内，且法规文件中粗线条的条文内容有待进一步完善具体。

（1）组织管理。各地所建立的新型农村合作金融组织所实行的属地管理制度基本类似于其他省市，由市（县、区）地方政府作为风险承担的第一责任人，工商管理部门作为登记管理机关，也有部分地市选择民政管理部门作为资金互助社的登记注册部门，业务指导及监管部门一般为地方金融监督管理局。

以河北省的 S 合作社为例，该合作社成立于 2011 年，由当地的种植大户、生产大户等 9 位发起人组织建立，初始注册股金为 20 万元，在当地的工商管理部门进行登记注册，在合作社内部设立了资金互助部开展社员成员间的资金调剂业务。S 合作社建立了社员（代表）大会，按照一般资金互助社的"三会"制度，相应地产生理事会、监事会，S 合作社经社员大会表决通过后，聘任 5 名外部人员担任合作社的财务会计及相关工作人员，领取固定工资，社员按照"股金＋"的方式进行盈余分配①。

（2）运营管理。以河北省邢台市的 X 优质麦专业合作社所开展的资金互助试点为例，在开展地方资金互助的资金来源方面，其资金全部来源于社员的股金，股金分为基本股、发展股和固定股三种，基本股一般为每户 500 元，并由合作社发放社员证，参与年终合作社盈余分红。发展股为社员依据一定的标准投入合作社发展基金，基金主要用于优质小麦产业的大型生产设备、农具、农资等大宗商品市场的集中购买，并聘请专门的农业技术人员负责指导和经营。固定股主要是本着自愿入股的原则，通过吸收社员的闲散资金，由资金互助社集中管理，对合作社内部社员的短期资金周转困难，提供资金调剂服务，并收取一定的占用费用作为入股出资社员的投入回报。

在贷款的审批方面，X 优质麦专业合作社采取的主要是依据贷款额度的多少分级审批，例如对资金互助申请额在 2 万元以下的，可由合作社经理直接审核决定；2 万～5 万元的申请额由合作社理事长负责审核决定；5 万～10 万元的由理事会审核决定；10 万元以上的由合作社理事会和专门的"互助资金评审小组"共同审核决定。

---

① 资料来源：河北省供销合作网，http：//www.hebcoop.com。

（3）风险防控。风险防控方面，主要由各地市、各地方资金互助试点社自发组织开展，在内部信贷业务、外部贷款担保等方面，各试点社都进行了积极的探索。

例如在贷款担保方面，S 合作社所采取的形式主要为"合作社内部成员 +借款人家庭成员"的双担保模式，当互助资金评审小组对借款人所提出的借款需求进行合理性评估后，认为借款人的信用状况、还款能力、借款用途等方面存在的风险难以按照"纯信用"放款时，则需要借款人的直系亲属作为家庭担保人员为其做出信用保证，同时需要本合作社内的两名社员作为社内担保人进行担保。但担保人并不作为借款人发生贷款逾期风险后的代偿人，而是作为监督者督促借款人规范合理使用贷款和及时还款，但借款人最终是否按期还款将直接影响到两位社内担保人的借款申请。

河北省承德市积极开展多方合作，联合政府扶贫办、银行、社内贫困户探索建立的"3 + 3 + 3"的"政银企户保"金融扶贫担保平台，对信用良好、有贷款意愿、具备就业潜力和一定还款能力的建档立卡贫困户提供专项担保贷款项目，一方面，有效降低和分散了自身合作社资金互助业务的贷款风险；另一方面，试点合作社开展的内部资金互助业务也为政府扶贫资金提供了更好的"用武之地"，为当地政府的扶贫工作提供了有力的支持。

（4）内外部监管。内部监管方面，各地方试点社主要依靠社内监事会及广大社员的民主监督发挥作用，还有类似于 S 合作社所探索建立的"老人会"进行监督，"老人会"由熟悉当地人脉关系、德高望重的老年人自愿组成，不收取固定工资回报，以义务群众监督为目的。

外部监管方面，试点合作社开展的资金互助业务主要由当地地方金融监督管理部门负责指导和监督，但多数地方政府及地方金融监督管理部门并未出台专门的监督管理实施条例，所参照的办法主要为国家所颁布的《农村资金互助社管理暂行规定》，外部监管方面存在潜在风险。

5.2.4　贵州省供销社内部信用合作的治理设计与风险防控

2019 年 5 月，贵州省级供销联合社与省地方金融监管局共同起草《贵州省农村资金互助合作组织管理暂行办法》（以下简称"暂行办法"）。根据暂行办法，所适用的对象主要为贵州省境内，由供销社或其所属企业作为发起人，为其社员提供资金互助（信用合作）服务的股金服务组织（见附录3）。

（1）组织管理。根据暂行办法，供销社内部开展的信用合作组织同样实行的是属地管理制度，地方政府作为第一责任人，地方金融监管部门作为本辖区的监管部门，县级以上的供销社作为本系统内信用合作组织的主管部门。设立的信用合作组织应当符合以下条件：①符合要求的发起人必须为供销社或供销社有企业，其中供销社持股占注册资本金不低于51%，其他参与者持股比例不高于注册资本金的20%。②省级设立的信用合作组织注册资本金不低于3 000万元，市（州）一级不低于1 000万元，县级不低于500万元，乡（镇）一级不低于500万元，且注册资本金必须为实缴货币资金。③有健全的组织机构、内部治理制度和风险管理措施。④理事、监事、财务人员及其他高级管理人员应具备相应的专业知识技能及能力、良好的信用状况及道德操守。⑤有固定的办公经营场所及开展相关业务的设备、设施。

同时，暂行办法还针对信用合作组织的理事、监事及高级管理人员做出以下要求：①近三年无重大违法及违规记录，且信用状况良好。②具备相应的履职能力及知识水平，熟悉经济金融相关政策及法规，在社员群体中有良好的声誉评价。③大专及以上学历，拥有金融类企事业单位两年及以上工作经验，或拥有从事相关经济类岗位三年及以上工作经验。④遵守法律法规及其他本章程规定的审慎性要求。⑤属于党政机关、国有企事业单位工作人员（含离退休人员），在信用合作组织当中任职或兼职的，需经过其组织、单位的人事部门同意批准，出具相关书面证明材料，并且兼职人员不得领取薪酬。

（2）社员管理。依据其暂行办法，参加信用合作组织的社员为承认供销社和股金服务部章程的自然人、法人及其他经济组织，自愿出资入股加入，并承担相应的风险。社员主要分为发起人社员及普通社员两类，发起人社员由主管部门批准，即本辖区内的县（区）供销社；普通社员由自身信用合作组织批准。此外，暂行办法要求主管部门应建立其社员的入社、审批相关制度，信用合作组织应对加入的社员颁发统一的社员证和股金出资证，建立相应的社员名册簿并允许公开查阅。

（3）运营管理及风险防控措施。针对信用合作组织的股金吸纳、使用及相关风险防控措施，依据其暂行办法整理后如表5-4所示。

表 5 – 4　　　　　　贵州省开展农村信用合作运营管理及风险防控措施

项目条款	具体内容
股金吸纳	①必须以货币资金形式入股，不得以设备、资产等其他方式作为入股资金； ②吸纳社员的股金不得超过注册资本金的 10 倍； ③单一社员的入股出资总额不得超过信用合作组织资本金的 10%，其中，自然人社员入股股金累计最高不超过 100 万元，法人社员入股股金累计不超过 500 万元
股金使用	①股金的使用对象必须为本信用合作组织的社员，拥有信用合作组织颁发的社员证及股金出资证； ②使用期限一般不超过一年，坚持"分散、短期"的原则，主要用途为满足社员农业生产经营需要及一般生活消费支出； ③股金不得用于工资、奖金等管理费用；不得用于贷款利息、保证费用的偿还支付或担保；不得用于股票、证券、基金等投资类活动；不得用于其他国家法律规定的禁止行业； ④股金使用须签订书面合同，采取统一制式，并且对于非纯信用使用股金情况，应另外办理担保、抵押手续
财务制度	信用合作组织的股金财务管理应执行国家相关财务制度及准则，设立相应的会计科目及账册，由具备专业资格的财务人员专门负责记录、核算
股金托管	原则上股金应放置于合作托管银行进行资金托管。另外，若信用合作组织确有需要，经监管部门批准后，可进行支取
准备金制度	各地方信用合作组织应按照本组织股金总额的 10% 提取风险准备金，每年按照股金使用余额的 2.5% 计提坏账准备金。同时，风险准备金应设立专门的储备账户，独立核算，分离运行
股金调剂中心	省级和各市（州）、县（区）级供销社应建立起供销社股金调剂中心（或股金服务联合社），针对下级信用合作出现的短期资金紧张情况进行支援调剂。同时，应建立起相应的调剂制度和风险防控制度

资料来源：根据《贵州省农村资金互助合作组织管理暂行办法》整理所得。

（4）内外部监管。内部监管方面，贵州省在省级层面成立了贵州省农村信用合作组织协会，作为本省供销社内部信用合作组织的省级自律组织，可对各级信用合作组织的业务运作标准、一般管理制度等内容做出指导、规范，制定统一的行业标准，开展内部人员的培训、奖惩及组织的评级等活动，并可联合各级信用合作组织的监事会对其运行情况进行评估和指导，及时发现风险漏洞，提供组织风险抵御能力。

外部监管方面，依据贵州省颁布的暂行办法，供销社开展的内部信用合作组织的监管部门为地方金融监督管理局，获准筹建的信用合作组织应当在 90

天内，确定其合作的托管银行、组织章程及内部管理制度，并召开会员代表大会表决通过，然后到市场监督管理部门办理注册登记手续，完成注册登记手续后，最后到本辖区内的地方金融监管部门进行备案登记。地方金融监管部门根据暂行办法及国家、地方政府相关的法律法规，对信用合作组织的日常业务经营进行监督和指导，并有权取消违法违规的信用合作组织的设立资格（见图5－3）。

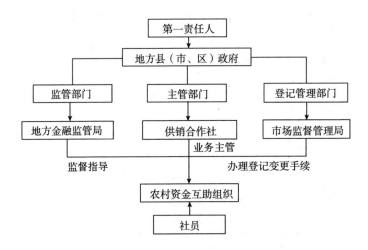

图5－3　贵州省农村信用合作组织管理架构

资料来源：根据《贵州省农村资金互助合作组织管理暂行办法》整理所得。

5.2.5　试点省份合作社内部信用合作面临的治理困境

通过对山东、浙江、河北、贵州供销社内开展信用治理机制设计的分析，发现目前普遍存在成员信用合作意识薄弱、缺乏立法保障、监管主体不一，且缺乏经验、空壳社问题突出、未能发挥出生产、供销、信用"三位一体"的制度优势等治理困境，具体的表现如下：

（1）普通成员信用合作意识薄弱，主要投资者风险承担大。目前我国各地供销社系统内开展的信用合作组织在内部治理章程上未有一个统一的范本作为参考，通常为各试点省区市在本行政范围内出台相关的引导和规范文件，部分地市则并没有政府官方的指导模板，只能够依靠发起人等相关组织者自发建立相应的章程制度，使信用合作组织一方面在章程治理设计的规范性和标准性存在问题；另一方面大部分的农民参与者也根本不了解信用合作组织与一般公司企业有何区别、运营模式有何差别、自身有何权利义务。参与的乡村能人虽然在农业生产、产品销售经营等方面拥有较为丰富的经验，但是对信用合作组织管理和业务活动的开展并不熟悉，一般社员农户对此更是"一窍不通"，对信用合作组织的贷款资金使用情况、盈余情况、日常民主监督也不甚关心，信用合作组织的一般决策基本都由理事长或主要负责人做出，"一人一票"民主管理成为名义上的形式，会员大会往往流于形式，"用脚投票"现象严重，也极易引起普通社员"搭便车"或者"大股东"侵犯普通社员利益的情况，再加之外部监管的缺失，很多信用合作组织都存在较为严重的潜在风险。

另外，主要投资者在参与的过程中，获取的回报补偿不对等也是值得关注的问题。例如，安徽省岳西县种养合作社在开展内部信用合作的过程中，其合作社理事长提出，自身所从事的经营业务主要为茶叶的加工销售，并非在合作社所开展的信用合作业务，其担任理事长的目的主要出于帮助村里的乡亲们，而合作社开展的信用合作在 2014 年人均分红不到 500 元，经营成果也不尽如人意，对主要负责人日常耗费的精力也较大，而一旦发生倒闭风险，对其主要投资者来说，更是得不偿失。所以对于目前供销社内部开展的信用合作组织来说，加强培育自愿参与成员的信用合作意识，重视主要投资者的风险补偿，是治理供销社内部信用合作组织的一项重要内容。

（2）缺乏根本性立法保障，各地方性法规依据不一。虽然国务院、中央政府在近几年的多次会议工作中强调要有序发展农村信用合作组织，例如在 2015 年 3 月，中共中央、国务院下发《关于深化供销社综合改革的决定》，提出有条件的供销社在遵循"封闭性、社员性、不对外吸储放贷、不支付固定回报"的前提原则下，发展农村信用合作。但时至今日仍没有出台具体的法律法规，针对供销社系统内开展信用合作组织的性质、法人地位、发生风险的责任承担、财产、人员管理办法等，一系列具体运行中的内容均没有明确的规定。法律地位的缺失，导致各地方政府所开展的供销社信用合作也无章可循，部分政府在本省范围内颁布了相关的法规文件。例如浙江省供销社系统内开展的"农合联"建立有较为统一的组织体系，对其组织办法、章程规范等做出了引导，发展情况较好，而有些政府并没有相关具体的法规文件可供参考，或是在市一级颁布了相关法规，这样一来，也导致各地供销社内部开展的信用合作依据法规差别较大，甚至出现相邻两个市供销社开展的信用合作组织所依据的法规文件都不同的现象。

同时，更值得引起注意的是，当此类信用合作组织发生风险时，被侵权者该如何运用法律武器维护自己的权益。2013年3月1日，贵州省大方镇农村资金互助社对本社社员杨齐菊向人民法院提起诉讼，原因是自2012年5月社员杨齐菊在向大方镇农村资金互助社贷款3万元后，半年还款期到期后仍未归还，且贷款人失去联系，而人民法院以现行法律无涉及此类案件的法律依据和条款不予审理。该个案所反映出的问题正是当前我国供销社系统内开展的信用合作组织的共性问题，即法律地位的缺失和保障不能够为其健康的可持续发展提供保障，加之我国近几年对农村领域非法集资活动的打击，一些地方政府和有意参与供销社内部信用合作组织的成员对此愈加顾虑，如果国家立法保障这颗"定心丸"吃不下，难免在以后再度发生类似于农民合作基金会治理无效最终被全部取缔的历史重演。

（3）监管主体不一，信用合作监管经验匮乏。在合作社内部开展的信用合作发展过程中，目前基本实行的都是属地管理制度，即"谁审批、谁监管、谁负责"的管理主体责任制度，从而造成一个很大问题，就是各地方合作社系统内开展的信用合作事业很大程度上取决于当地政府的态度。如果说当地政府愿意积极参与，并且有较高的政府管理服务水平和良好的发展条件，那么该地的信用合作组织发展就会相对较快一些，同时在当地政府的积极引导下能够有序发展。而如果地方政府持反对态度或者观望态度的话，那么必然当地的信用合作组织在外部环境中缺乏保障和规范，发生风险的概率大幅上升。同时，合作社内部开展的信用合作组织也面临着监管主体不一的问题，例如山东省是地方金融监管局作为合作社内部信用合作组织的业务指导和监管主体部门，登记管理机关是市场监督管理局；浙江省农合联所实行的是农业和农村工作办公室作为业务主管部门，登记管理机关为民政部门。而有些地方合作社内部自发成立的信用合作组织压根就没有政府相关部门的登记备案，存在较大的监管真空风险。

此外，合作社内部建立的信用合作组织的专业化监管方面，各地方政府也面临着严峻的挑战，合作社系统内开展的信用合作组织按照其为农服务的主要内容，应当由农业部门主管，但农业部门懂农业不懂金融，在涉及金融相关领域方面缺乏人才支撑，银保监会在金融领域有着丰富的管理经验和人才储备优势，而对于合作社系统内部建立的信用合作组织必然又不能够按照商业银行管理的一套标准进行监管，同时在监管成本上银保监会难免会捉襟见肘。近几年发生的假冒"××农业专业合作社资金部"，外部"高利贷"公司控制，资金互助社发生挤兑、倒闭、负责人圈钱"跑路"等类似乱象不断，据媒体报道，仅河北省邯郸市某县的一个蔬菜种植专业合作社就发生了法人跑路卷走了约1.4亿元的巨额资金违法案件。虽然此类案件已经引起了国家的高度重视，开始严厉打击此类冒牌农村信用合作的"伪合作"组织，但同时值得注意的是，如何能够避免真正发挥了实际作用的农村信用合作组织被"误伤"，界定划分出两者的界限，使外部监管成为发展合作社内部信用合作事业的规范和引导，而非限制和削弱。

（4）空壳社问题突出，各地发展程度差别大。农民合作社在我国农村经济发挥了重要的作用，但是由于门槛准入限制低、以套取优惠政策为目的、长期无实际经营等情况造成了多地供销社出现了很多的"空壳社"和"僵尸社"，例如，根据《农民专业合作社法》，只由 5 个农民以上发起，提供身份证，签字、按手印，不需通过验资就能够在工商部门成立一个合作社。最终造成的一个现象就是很多地方虽然一些合作社、企业等挂着农民合作社的牌子，但实际上持续运营的并不多，能够帮助到农民，发挥实际作用的更少。并且后来随着我国对农村信用合作组织的支持和鼓励，各地方在农民合作社系统内开始对发展内部信用合作事业的积极探索，但有些农民合作社限于当地农民合作社发展存在的问题，是没有能力和条件发展内部信用合作事业的，而部分地方政府出于为达到政策、指标的目的，带有"行政色彩"地推行建立起农民合作社系统内的信用合作组织。例如在山东省泰安市试点开展的30多家信用合作组织中，仅有 4 家互助社开展了实质性的业务活动，这种为了盲目追求试点工作的覆盖面，在脱离实际的地方提出一些"一县一社"的口号在其他省市也并非少见。

此外，多数农民合作社内部信用合作组织为了防控风险，对社员的加入资格、贷款限额，合作社的信贷资金规模等做出了限制和要求，但是由于多数的农民合作社内部信用合作组织管理人、发起人对于信用合作方面的资历较浅，知识水平及管理经验缺乏，在章程规定的设置上存在一些问题，例如部分生产、养殖等农业大户对资金周转要求高、资金需求量大，但是对于一些类似于同一社员总贷款规模不得超过本社总贷款额度的比例限制，使实际完全具备还款能力的社员得不到相应资金需求的满足，同时也对并非需要高额度贷款的普通社员造成了"资源浪费"。有些地方农民合作社内部信用合作的业务开展情况比较好，所在村域的信用合作业务已经不能够满足其需求，同时有些规模较大、产业发展较好的企业甚至已经超出了一个乡镇的范围，但农民合作社内部信用合作组织章程所要求的地域性的限制条件就对其发展造成了一定的阻碍。

（5）未能发挥出生产、供销、信用"三位一体"的制度优势。生产、供销、信用"三位一体"的最大制度优势就在于，三者之间的相互联系可以为各部分的发展形成强大的助力，达到多方合作共赢。在供销社系统内开展的信用合作组织，理论目标是充分利用供销社系统内各产业链和各环节的相互配合优势，能够掌握到社员在申请获得贷款资金后资金的流向和使用情况等信息资源，从而能够较商业银行等外部金融机构组织更好地防控风险。

但在实际的实践过程中，一方面，由于受不同地方供销社自身发展情况的不同，所开展的信用合作业务没有相关的系统内产业能够进行配合和对接，农户生产经营、销售流通等某一环节或全部产业链内容仅依靠供销社系统内产业部门无法完成，必须通过外部企业合作，从而使信用合作组织往往缺失相当一部分资金使用环节的风险信息。另一方面，很多供销社内部信用合作组织在发展初期寻求与外部商业银行等金融机构的合作过程中，将自身的一些业务处理和业务活动放在了托管银行，本意是借助其发展较为成熟和完善的金融体系和设备资源优势，但较多的信用合作组织发展到后来扮演的角色更多的是成为托管银行的业务员，没有了自身的经营自主权，供销社内部信用合作组织也不发生实际的盈利，合作社成为社员与金融机构之间资金供需牵线的中介。

5.3　合作社内部信用合作典型模式分析

我国农民专业合作社内部信用合作有两种基本形式：一是以资金互助为主要方式的货币信用，货币信用模式是指利用金融机制，将社员暂时闲置的资金，通过借贷方式，满足社员在生产、生活中产生的资金需求；二是以合作社内部的农资、农产品赊销赊购和农产品供应链为主要方式的商品信用。汪小亚和帅旭将合作社内部信用合作运行模式概括为商业信用合作和货币信用合作，并提出了第三种形式，即基于"公司＋合作社＋农户"农业产业链开展商业信用和货币信用合作。现阶段，合作社信用合作模式大多以货币信用为主，但是商品信用模式的发展前景广阔。本书主要研究四家合作社的运行机制，这四家合作社分别属于货币信用合作模式下和混合式信用合作模式下的典型案例。

5.3.1　"社员股金＋合作资金"的信用合作模式

这种模式下合作社的资金池主要来自社员的股金或者合作社的资金。合作社不向其他金融机构借款，一般情况下，资金池的资金用完后，社员将无法继续获得贷款。该类模式一般要求是以农业为基础，将农业的生产经营和内部成员间的资金互助结合起来，在一定范围内可以有效解决农户融资的难题。

河北昌黎恒丰果蔬种植专业合作社是国家级示范社之一。采用的是"合作社＋基地＋社员"的运行模式。属于典型的能人管理模式。该合作社的具体运行模式如图 5 - 4 所示。

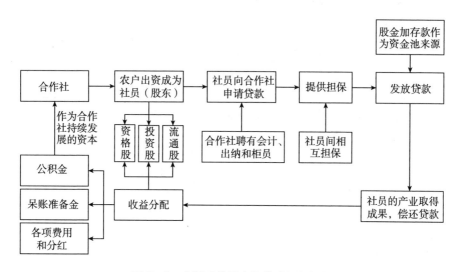

图 5 - 4　内置式信用合作模式运行机制

资料来源：根据实地调研及学者研究整理而得。

从2012年开始内部资金互助，合作社设立资金互助中心，有正、副理事长、会计和业务员4名工作人员。要求社员入社必须出资入股，股份设有三种，每种股份都有对应的收益分配政策。组织决策上是典型的理事长管理特征，小额借款几乎都是理事长决定，金额较大的借款通过社员代表大会开会决定。社员获得贷款的方式主要是担保，小部分会采取抵押的方式来获得贷款。该合作社设立资金池，资金来源主要是社员存款和社员股金，资金规模按照"量出定入"和不以吸收存款为目的的原则，具体数额由理事长把控。可以说，该合作社的发展目前还离不开理事长，理事长的能力多大很大程度上决定了合作社如何发展。

5.3.2 "社员股金＋银行资金"的信用合作模式

这类模式就是指社员与正规金融机构发生借贷关系，专业合作社为他们提供担保。合作社在运行的过程中，由于各个地区以及合作社本身的条件不允许，内部互助资金不能达到部分社员的融资需求，此时，就需要向金融机构申请贷款，而合作社则可以提供一定的担保，比如成立产业信用协会为社员申请贷款提供增信，湖南沅陵县采取的就是这种形式（见图5-5）。

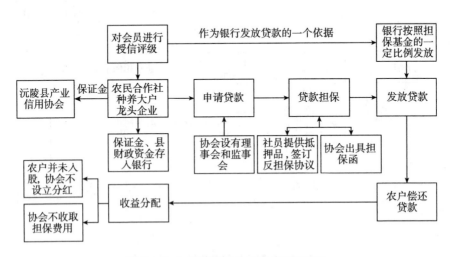

图5-5 外置式信用合作模式运行机制

资料来源：根据实地调研及学者研究整理而得。

湖南沅陵县创新提出的设立产业信用协会来为社员担保的形式，取得了一定的效果。沅陵县各个乡镇的产业信用协会的机制都差不多，以麻溪铺镇的产业信用协会为例。沅陵县麻溪铺镇由 5 ~ 6 名种养大户成立了产业信用协会。产业信用协会下设监事会和理事会，负责产业协会的日常工作。协会会员在申请成为会员时，会要求缴纳不低于 5 000 元的信用保证金，而会员的信用保证金和财政的补贴共同组成了协会的保证金。之后，将该担保金存入当地的农商行，农商行按照 1∶10 的比例给该协会授信。在社员申请贷款的时候，银行和产业信用协会对会员的信用情况进行联合审查，并进行评级授信，评级与该会员的授信额度直接挂钩，单个会员单笔贷款额一般不得超过 10 万元，10 万元以上的贷款除了要由产业信用协会来承担联保责任外，还要入会会员出具一定的抵押品来提供反担保。这种制度创新实质上是担保合作（不是资金互助），以解决种养大户的贷款难题。

5.3.3 "供销社模式"信用合作

该模式是指由供销合作社在农村负责创办或者是领办农民合作社，并在合作社内部开展信用合作业务。而供销社有着完整的体系、庞大的资金、健全的市场，对于发展农民合作社有着得天独厚的优势。但是该模式下的合作社的资金来源比较复杂（见图 5 - 6）。

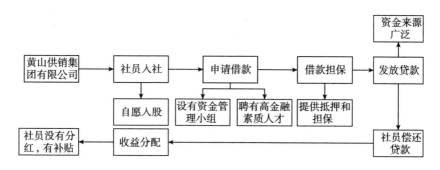

图 5 - 6 供销社模式运行机制

资料来源：根据实地调研及学者研究整理而得。

黄山区在调研了其他地区的合作社之后，根据当地的条件，创新提出了

"黄山模式"。由市供销社发起设立黄山区供销合作社联合社,后来转型为黄山供销集团有限公司。由黄山区供销社和省供销社所属企业出资控股黄山区供销农副产品投资发展有限公司,该公司为黄山供销集团下属企业,该公司出资控股各个区县的合作社,同时各个合作社的理事长会出资参股该公司。下设资金互助部,设有理事长和监事会。由市供销社按照五个标准进行统一管理,各个区县的资金互助部抱团发展,规模效应明显,资金有保障。该合作社要求农户申请贷款时需要抵押和担保,各个区县并不一定都需要缴纳入社费用。同时合作社会定期对员工进行培训,来提高他们的风险防控能力。

5.3.4 "财政资金 + 合作股金 + 银行资金"的信用合作模式

此类模式是以财政资金作为风险金,通过财政资金的以点带面效应,导入金融扶持合作社发展机制。以联合社为担保主体,可以放大对合作社的信贷支持,改变了以往财政直补的"输血"模式,实现了财政引导与金融杠杆的有机结合(见图 5 – 7)。

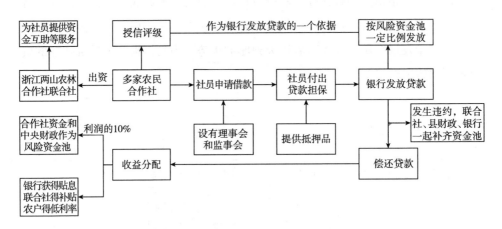

图 5 – 7 混合式信用合作模式运行机制

资料来源:根据实地调研及学者研究整理而得。

该联合社的主要做法是:由多家合作社共同出资成立联合社,联合社的业务不仅仅包括内部信用合作,还为社员提供各方面的帮助,满足社员的需求。

社员在有贷款需求的时候向联合社提出贷款申请，提供抵押品，联合社为了提高社员的贷款额度，结合农村特色规定抵押品包含流转土地经营权抵押、林权抵押以及房地产二抵等多种形式，有效缓解了涉农企业的担保难题。为了有效防范社员的道德风险，对由贷款需求的社员都会进行信用评级，根据评级来发放贷款。另外，为了更好地利用财政资金，设置了风险共担的机制。先是把中央财政资金1 000万元作为固定风险金，一旦发生风险，先由固定风险金支付，再由两山联合社、县财政和安吉农商银行按5∶3∶2的比例补齐风险金，确保风险金不低于1 000万元。之后银行和联合社共同追回违约的贷款，特别是抵押品是由土地流转和林权证这类的抵押，更需要追回资金来保证风险金的充足，确保合作社可以持续运行。

第 6 章

合作社内部信用合作治理—风险—绩效机理：基于剩余控制权的分析

合作社内部开展信用合作的主要风险包括内部风险与外部风险，涵盖了股权分配、贷款、收益分配等核心环节。本书运用与合作社内部信用合作风险控制相关的理论研究成果来分析合作社内部信用合作的风险。本书选取了几个典型的案例，涵盖了目前国内比较认可的货币信用合作模式和混合式信用合作模式，分析这些案例的风险防控逻辑。

6.1 "股金＋合作资金"模式治理—风险—绩效机理分析

6.1.1 "股金＋合作资金"信用合作治理的绩效

河北省秦皇岛市昌黎县恒丰果蔬种植专业合作社是国家级示范社之一，2011 年 12 月 22 日在昌黎县工商行政管理局登记成立，注册资金为 500 万元，拥有 286 名社员及 430 亩土地。从 2012 年开始内部资金互助，到 2016 年，资金池规模大约为 4 400 万元。2016 年，人均年纯收入达到了 2 万多元，同时带动周围农户 1 400 多户，拥有种植基地 1 600 多亩。合作社内参与资金互助的人数有 400 多人，每年发放的贷款数目至少都在 400 笔。互助部在 2012 年净收益 50 多万元，2013 年达到 100 多万元，2016 年盈利超过 200 万元①。

---

① 资料来源：根据 2019 年实地调研整理所得。

6.1.2 "股金＋合作资金"信用合作治理与风险防控的实践

"股金＋合作资金"模式是如何通过治理机制的设计来防控风险是分析的重点，本书主要从基本情况、组织架构、贷款担保、风险控制、相关政策支持文件等方面详细探讨其治理机制设计。

（1）基本情况。河北省昌黎县靖安镇供销合作社为有效解决农民短期生产和生活方面的资金需求问题，化解农民融资难、融资贵的问题，在当地政府及有关部门的支持下，于2011年12月21日在秦皇岛市昌黎县工商行政管理局注册成立了昌黎县恒丰果蔬种植农民专业合作社，注册资金为500万元。2015年1月，出资总额增加到800万元。

该合作社要求成员入社的时候缴纳一定的费用作为股金，成员股金分为三种：资格股、投资股和流通股。所有股金均不计息，只分红。资格股是社员入社的基本要求，农户只需要缴纳500元就可以成为合作社的股东。资金互助业务只在成员内部展开，不可以向社外人员筹集或者借贷资金；所有资金也只能用在农业生产用途上。成员个人一次性借款一般不能超过10万元。资格股按照基本利率来分红（月息1分5厘）。投资股是指在合作社投资一年以上的资金，一般数额在1万元以上，也可以增加资本金，参与人数不多。投资股和资格股均可以参与项目设施建设，同时需要承担一定的风险。投资股按其投资项目的盈利多少来分红。流通股是指社员购买农资的金额，主要按比例和盈利情况来分红。目前合作社的股金分布情况如表6-1所示。

表6-1   合作社资金互助部入股情况

入股金额（万元）	成员人数（人）	股金占比（%）
0.05	101	0.63
139.95	1	17.49
245.00	1	30.63
410.00	1	51.25
合计	104	100.00

资料来源：根据2019年实地调研整理所得。

社员从互助部贷款，按照月息1分3厘计算（也就是1万元的利息为1 560元）。互助部为了避免发生挤兑风险，放贷前会留有一部分作为预备周转金（初期为200万元左右）。社员向互助部存款，按照贷款利率的60%进行返还（也就是1 560×60%＝936（元））。其他固定的工作人员，互助部每年会支付一定的工资。年底互助部在盈余中提取10%的公积金和10%的呆账准备金，再扣除各项费用（具体包括当年的工资、房租、办公、接待等），剩下的资金参与分红。

（2）组织架构。合作社下设生产资料采购部、产品销售部、财务管理部、质量监督部、科技推广部和资金互助部。其中，资金互助部设有正副理事长、会计、出纳员，并且设有对外办理业务的柜台，一共6人。设立当年吸收成员36个，吸纳股金200多万元。资金互助部严格按照吸股不吸储、对内不对外、分红不计息的原则来开展内部的资金存贷业务。同时合作社坚持成员自愿入股，内部实行民主管理的原则。在农户入社的时候，对社员借款的额度以及使用期限等都有明确规定，严格按照标准来执行。对于社员的每笔贷款申请，都会对贷款的申请对象、贷款的用途、还款能力等进行仔细的审查，报领导批准后就可以发放贷款。但是入社不满一年的不能享受分红。

在组织决策上，该合作社基本上由理事长说了算，是典型的"大股东"模式。小规模的贷款基本上都由理事长直接决定，资金数额较大的（5万元以上）需要有贷款人夫妻双方同时签字，才可以办理贷款，对10万元以上的贷款，由社员代表大会开会讨论决定。同时，互助部资金的规模多少按照"量出定人"和不以吸收存款为合作社开展资金互助的目的这两个方法，最后由理事长自己负责把控。合作社组织架构如图6－1所示。

（3）贷款担保。恒丰果蔬种植专业合作社互助部在向社员贷款的同时要求另一名社员担保（个别社员会有抵押）。具体的担保方法如下：实行第三者担保制度，对每笔贷款，无论贷款的数额是多少，都必须由有偿还能力的合作社社员来负责担保，并且是全额担保。双方同时签字办理担保手续后予以贷款。对负责担保的人必须要求他有能力、有威信、为人正直，同时在合作社内有存款，否则不能承担起担保人的职责。

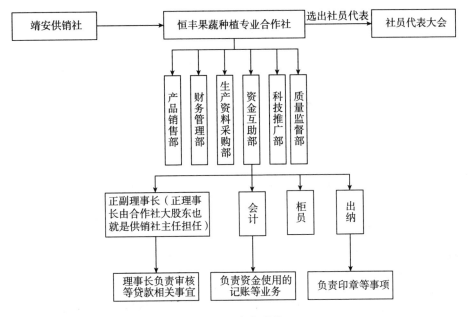

图 6-1　组织架构

资料来源：根据 2019 年实地调研整理所得。

（4）风险控制。恒丰果蔬种植专业合作社通过以下几个比较创新的办法来防范风险：一是坚持不向社外人员吸收股金、不对社外人员放贷；二是在社员贷款的同时，按照利率标准提前扣下利息，鼓励借款的社员积极还款；三是互助部以 2 800 元购买了山东生产的资金互助专用的电脑软件，实行四套记账法，即电脑、U 盘、柜员、会计各有一套账目资料；四是对于即将到期的每笔贷款，提前 2~3 天通知借款的社员，对于到期无法偿还的，及时采取倒据和重存等办法；五是合作社首先建立一整套规章制度，同时也形成了一些默认的原则。如贷款人年龄应在 30~60 岁，未婚的社员不贷，资金用途不符合规定以及用途不明的都不给予贷款等。这些措施有效地化解和降低了可能出现的不良贷款，对于资金互助部和合作社都有很大的帮助。

（5）相关政策支持文件。该合作社在进行内部资金互助业务的时候，由当地供销社主任领导，中央政府以及当地政府都出台了一些相关措施来指导合作社的资金互助，如表 6-2 所示。

表 6 - 2　　　　2007 - 2018 年政府对合作社内部信用合作的相关政策支持

时间	文件	主要内容
2007 年	河北省人民政府《关于促进和支持农民专业合作社建设与发展的若干意见》	多层次多渠道开展培训，强化科技支持力度，提供保险支持
2009 年	银监会和农业部《关于做好农民专业合作社金融服务工作的意见》	把农民专业合作社纳入农村信用评定范围，鼓励扩大可用于担保的财产范围，创新符合法律规定和实际需要的抵押贷款品种
2014 年	《关于全面深化农村改革　加快推进农业现代化的若干意见》	鼓励有条件的农民专业合作社开展内部信用合作
2015 年	《关于全面深化农村改革　加快推进农业现代化的若干意见》	引导和促进农民合作社规范发展的总体思路、基本原则、主要目标和主要任务
2018 年	《农民专业合作社法》修订主要内容	调整法律范围，县级以上人民政府建立综合协调机制

资料来源：根据相关文件整理所得。

　　该合作社的这些做法有效地防范了风险。本书通过第 2 章治理机制相关的理论来具体分析合作社在风险防控方面的做法。先从内部风险来分析该合作社的做法：一是股权分配方面，从社员是否入股来看，社员在加入的时候就是合作社的股东了。合作社成立时有三位大股东，具体的负责人为其中一位大股东，也就是资金互助部的理事长，其持股比例超过了 20%。存在股权分配不合理的情况。二是决策权方面，虽然合作社资金互助部设立了社员代表大会，但是一些情况还是直接由理事长说了算，而理事长自身具有一定能力，这样做使贷款的效率更快，效果也更好。但是这样做使合作社的决策权过于集中。三是贷款方面，贷款用途不明的、不是农业生产的、非内部人员，不给予贷款，同时还要求有担保和抵押，在贷款前也经过严格的审查程序。贷款的同时会提前扣除利息。从贷款用途、贷款对象、贷款程序、贷款担保四个方面降低了贷款的风险。四是收益的分配情况，参与内部资金互助的社员有分红，其他工作人员也都有工资，收益分配还算合理。五是合作社自身运行规模及范围方面，从恒丰果蔬种植专业合作社的规模来看，前期比较低，只有 200 万元左右，后来慢慢发展，达到了 4 000 万元左右，相对于一般合作社而言，这个资金规模算是超过正常范围了，但是合作社资金互助部基本都是按照基本原则来操作的，很少发生不良贷款，这主要是基于合作社理事长的个人能力比较强。

　　从合作社的外部风险来看：一是合作社的设立合规性方面，合作社由河北省昌黎县靖安镇供销社发起设立，在当地工商部门登记。下设资金互助部，按照各项原则开展内部资金互助业务，所有业务受金融办监管。社员的资金需求都通过合作社内的资金池来满足，并没有向银行等正规金融机构融资。该合作社从是否在政府部门登记备案、信用合作资金来源、贷款的服务对象三个方面保证了设立的合规性。二是合作社开展内部资金互助的其他风险，主要有政策方面的风险、市场风险。目前还没有具体的法律来规范合作社开展内部资金互助，政策变动的风险可能比较大。对于农业生产，市场价格有可能受其他因素影响而导致社员遭受损失，进而还不起贷款。合作社也没有这方面的保护措施，也有可能导致合作社的损失。

6.1.3 剩余控制权与剩余索取权的实施

本书引用刘西川等（2018）提出的关于合作金融组织剩余控制权安排的分析框架。其中的分析重点是剩余控制权的分配、实施及收益的分配方式。分别对应社员的股份安排、借贷的相关机制、社员的收益分配。该框架对于分析剩余控制权的安排有几个优势：一是将风险、收益、权利三者之间的对应关系作为分析剩余控制权的核心部分；二是考虑到了农民专业合作社在资金业务、成员间基于经济产权关系的风险防控机制等；三是在分析剩余控制权安排时考虑到了与风控防控机制的关系。四是在实施和分配剩余控制权环节，把剩余控制权视为可分的，也就是承认了在社员之间分散风险的可能，排除了剩余控制权实施被集中于某一个人的情况。总结起来就是一句话，通过这种分析框架，弄清楚谁出资了以及出了多少，谁负责决策以及怎么决策，谁承担责任以及承担多少。

（1）国家层面的保障支持体系。农民专业合作社在发展时需要政府的规范指导：一是中央政府、银监会、农业部等发布文件，下一级政府负责具体的实施，同时也会出台相应的文件来具体指导各地的合作社如何运行。可以看到，政府在合作社的发展过程中一直相应地出台各类政策文件以保证合作社的规范发展。二是在合作社发展的同时，各种法律也随着合作社的发展而不断完善。不仅仅有各级政府对合作社的监督管理，还有各地合作社不断地创新各种治理机制，使农民专业合作社持续发展下去。在相关的政策文件中可以看出政府也鼓励合作社创新抵押贷款品种等。政府对合作社的监督管理也是政府剩余控制权的体现。这种剩余控制权也很好地保障支持了合作社的发展。

（2）社员的权利确定及资格认定。从理论上来说，谁自愿入股并且愿意承担起贷款的风险和合作社运营风险，自愿加入合作社，同时就拥有对合作社的剩余控制权，享有作为社员的基本权利，还可以参与合作社的日常管理等活动。合作社下设资金互助部，开展内部资金互助业务，互助资金来源于社员股金和社员存款。但是合作社严格规定不把吸收存款作为目的，可以有效避免发生非法集资的风险。在入社时，会要求其他有偿还能力的合作社内部成员来担保或者付出抵押品，这样的设置机制，不仅保证了农户在入社后可以享受自己应有的权利，而且也要求承担自己负责担保的风险。让农户在入股成为资金互助部成员或者加入合作社的同时知道了自己所要承担的风险。由此可以看出，合作社是按照入股金额在成员之间分配剩余控制权。

从合作社入股情况可以看出，合作社股权分配不合理，无法避免成员"搭便车"行为。该合作社的剩余控制权比较集中，实际上，是合作社发起人说了算，合作社发起人也就是资金互助部的理事长。目前，理事长个人能力比较突出，合作社也没有发生不良贷款，但是合作社毕竟是要长期发展下去的，这样的股权安排不利于合作社的长期发展。可以适当制定一些机制，尽量避免一人决断的事持续下去。

（3）合作社内部的民主治理。该合作社设有资金互助部等其他部门，资金互助部下设有正副理事长、社员代表大会、会计、出纳、柜员。一般来说，合作社设有理事会和监事会，但该合作社理事会就只有正副理事长，并无监事会，容易出现理事长一人说了算的情况，不利于合作社发展。经由后来的贷款程序也可以得知，小额贷款几乎由理事长说了算，大额贷款由社员代表大会讨论决定，最后由理事长签字。该合作社组织结构并没有做到民主治理，也没有设立相应的监督机制，不利于合作社的长期发展。

（4）剩余索取权的分配。剩余索取权的分配要与剩余索取权的实施相统一，两者紧密结合在一起，可以让决策者承担决策的全部财务后果。否则，组织的实际控制者因为最终收益与其行为无关，而不愿承担风险、努力经营。也有可能决策者会因为和自己不相关就私自胡乱决策，做出不利于合作社发展的决定。该合作社在分配剩余索取权的时候就考虑到了和剩余控制权相结合。在扣除呆账准备金和公积金以及各项费用（包括工资、房租、办公等）后，剩下的部分参与分红。而具体的分红又和成员承担的风险相关，按照他们参与的项目的盈利情况来分红。

6.1.4　"社员股金 + 合作资金"模式治理—风险—绩效的逻辑

通过上述对该合作社风险防控机制的分析，可以看出该合作社的管理是明显的"大股东"模式。由理事长直接决定一些事宜，这种模式的优劣势都比较明显。主要的优势如下：

（1）理事长的专有性资源多。合作社的发展依赖于发起人的企业家才能、个人信用、原始股金以及社会资本，同时这些重要资源都是发起人所特有的，朱乾宇（2015）等将上述资源称为"专有性资源"。该合作社能够成为比较典型的合作社，最大的优势就是理事长的专有性资源多，能够发挥的个人能力比较强，使得合作社发展得比较快，发展得比较好。但是这种情况下，合作社的发展就只是和理事长有关了，理事长的决定直接决定了合作社的未来。需要在限制理事长的控制权的同时，对理事长个人单独进行适当的监督；或者设置相对比较分散的控制权结构。

（2）实行社员间担保的原则。合作社要求在社员借款的时候由其他社员担保，对于负责担保的社员也规定了一定的条件。这样做既保证了贷款的安全性，在借款人无法还款的时候，有了一定的保障；又节省了监督借款人的成本，在社员答应给借款人担保的时候，社员就和借款人是一体的了，两者之间利益相关，负责担保的社员为了不让自己的利益受到损失，会主动关注借款人在获得贷款后的行为。实行会员间互相担保实际上是把风险分散出去了，由两个社员一起来承担贷款后的风险，即使借款的社员出现道德风险，也还有一定的补救措施。

6.1.5　"社员股金 + 合作资金"模式治理存在的问题及改进

合作社在发展过程中会遇到各种各样的问题，应对的方法也不一样，但是各个模式都有可取的地方。通过上述分析，可以看出该模式下也存在问题，主要有：

（1）股权分配不合理。合作社在最开始成立的时候，很大一部分人都只占了很小的股份，但与几个大股东的股份差距比较大。一是这样的安排不利于合作社的管理，剩余控制权属于很少的一部分人，大部分的社员无法发表自己的建议或者无法代表自己；二是这样的股权安排也决定了最后的收益掌握在少数人手里，并不能很好地解决农户的问题。

（2）组织决策不够民主。由于该合作社的模式是典型的能人管理型，在社员申请贷款时，并不需要多久，经过理事长同意就可以直接拿到贷款，并没有经过理事会的讨论，在金额比较大的时候，才会由理事会讨论决定。由此可以看出，该合作社的组织决策不够民主，不利于合作社的长期发展。

（3）监管不到位。一是从外部来看，目前，还没有出台完全适合合作社的相关法律文件，在合作社和社员发生一些矛盾纠纷时，无法很好地解决；在合作社发展遇到困难时，也没有很好的解决办法；二是合作社内部没有设立监事会，该合作社的模式比较特殊，首先是理事长的个人能力强，节省了一定的监督成本，但是需要对理事长进行适当的监督。另外，合作社在开展信用合作的时候可能会由于内部人员金融知识的欠缺导致风险的发生。

针对该模式下的一些问题，提出以下几点建议：一是对于股份的分配。首先尽量使股东的股份分配得比较平均，大家分配到的剩余控制权也就比较平衡，便于合作社开展工作，同时可以防范合作社大股东控制现象的发生；如果存在大小股东，则应该尽量做到各个大股东之间的股份差距较小，同时对每位大股东进行一定的监管，比如监事会可以不定期抽查理事长之前的决定事项，如果出现风险，可以降低理事长的决策权或者是收益等，防止出现内部人控制以及股东为了私人利益做出不利于合作社的决定；二是在组织的管理上，尽量做到"一人一票"，这并不是说必须每项业务都要经过各个社员的一致同意，而是应选出具有代表性的社员，成立社员代表大会，由这些社员来代替所有社员。合作社理事会的管理方面，理事会是合作社为了更好地解决合作社的日常管理而设立的，管理方式需要民主，不能完全由理事长一个人直接决定某项业务的结果。最后，还需要成立监事会，监督整个合作社的运行过程，尽量聘请有金融风险意识或者金融方面的专业人才来负责监督；三是政府层面对合作社的监管。除了合作社自身对风险的防控以外，还需要外部的监督管理，政府需要出台相应的具体的指导性文件，给予合作社开展内部信用合作支持以及保障，下级政府要落实好监督管理职责。

6.2 "社员股金＋银行资金" 模式治理—风险—绩效机理分析

6.2.1 "社员股金＋银行资金" 模式的治理绩效

作为农村合作金融的试点地，湖南沅陵县麻溪铺镇创新提出了产业协会的形式来解决农户融资的问题，产业协会由当地镇政府组织发起，具体由当地的产业大户向县民政局申请登记、注册成立。经过一段时间的实践之后，该产业信用协会取得了一定的绩效。目前，沅陵县已在荔溪、麻溪铺、马底驿等乡镇一共成立了 11 家产业信用协会，一共筹集到资金 670 万元，会员达到 700 多人，已获得银行授信额度 5 900 万元，会员实际获得贷款 4 700 万元，几乎没有不良贷款，平均利率由最开始的 9.6％ 下降到 6.3％，为大多数会员解决了融资方面的难题。同时，自各地产业信用协会成立后，会员间很快形成了以 "地缘关系、熟人关系" 作为联合点的 "信用共同体"。在形成信用团体后，会员除了会严格约束自身行为之外，还会监督其他会员的行为，对于营造诚实守信的农村金融环境起到了一定的推动作用①。

6.2.2 "社员股金＋银行资金" 模式治理与风险防控的实践

"社员股金＋银行资金" 模式是如何通过治理机制的设计来防控风险是分析的重点，本书主要从基本情况、组织架构、贷款担保、风险控制、相关政策支持文件等方面详细探讨其治理机制设计。

（1）基本情况。湖南沅陵县在近几年的农村金融改革中成为新型合作金融改革试点地区。沅陵县积极探索农村合作金融改革的办法，开拓了金融支持产业扶贫的新模式，最终探索出了以产业信用协会为载体的互助性担保融资模式，有效解决了农村融资与担保难题。沅陵县产业信用协会以乡镇为单位、以

---

① 资料来源：根据 2019 年实地调研整理所得。

县农商行为合作银行开展融资担保试点。在信用协会成立之前，各乡镇金融服务中心对当地新型农业经营主体进行走访，了解其产业状况、资金需求等情况。从中筛选出产业基础牢固、信用较好的产业大户以及合作社领办人作为发起人，并指导其准备有关材料，经县金融改革办批复同意、县民政部门登记备案，成立产业信用协会。

产业信用协会采用会员制的形式，镇域范围内的农民专业合作社和种养大户自愿参加，协会对申请加入协会的农户会有一个基本的信用评定。评定指标包括信用状况、产业基础、品质德行、干事能力等。农户获得的评级授信越高越好，优先吸纳评级高的农户成为会员。农户在成为会员时，还需要缴纳不低于5 000元的信用保证金，同时县财政也会为每家信用协会出资20万元，会员的信用保证金和财政资金一起作为风险基金存入当地的农商行，组成融资担保基金，实行专款专户专存。之后，农商行按照融资担保基金的5~10倍进行授信。会员在有资金需求的时候，向协会提出贷款申请，单笔担保数额放大倍数不能超过会员信用担保金的12倍，额度最高不能超过50万元，同时需要提供反担保证明，比如房屋、厂房、果园等有价值、可流转的资产，之后以双方都认可的"土办法"来评估这些资产的价值，签订托管承诺书，交由协会保管，协会出具担保函，银行按照程序发放贷款。

按当时试点方案中的规定，产业信用协会在开展担保互助业务时不可以收取任何费用，目前协会的工作人员都没有任何报酬，而协会运作需要的其他费用（办公场所、正常运行的开支）都是由当地的乡镇政府无偿提供，另外和其他融资担保机构相比，协会也无法获得国家方面的奖补支持。

（2）组织架构。产业信用协会以会员自治为前提，制定出详细的产业信用协会章程，严格按照规章制度来执行。由各个产业信用协会所在乡镇的人民政府负责给协会提供办公场所，协会下设理事会、监事会和会员代表大会，负责协会的日常管理，分工明确。一般由理事会负责协会的日常业务，如信用保证金的管理，定期公布信用保证金的使用情况；监事会则是按照协会制定的章程行使监督职责，如核实参会会员、理事、常务理事资格。理事会和会员代表大会从会员中选出，监事长则由当地的乡镇金融服务中心主任兼任（见图6-2）。

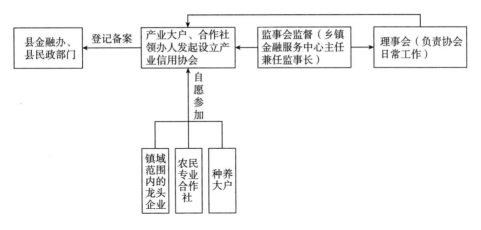

图 6-2　协会组织架构

资料来源：根据 2019 年实地调研整理所得。

（3）贷款担保。产业信用协会要求会员在申请贷款的同时，提供具有一定价值的抵押品，而农村的抵押品价值目前也没有统一的标准来界定，只好用双方都认可的"土办法"来评估资产的价值，省去了评估和担保的费用，同时需要签订反担保协议，明确双方的权利和义务，将法律关系转变为协会和会员之间的信任关系，之后，由协会按照"一人一票"的原则对贷款担保申请进行审议，出具担保函，通过之后即可贷款，由协会承担贷款的联保责任。会员间进行互相担保，符合农村"熟人社会"下的信用机制和经济形态，拓宽了可抵押物的范围，把农村的资产变活了，有效解决了会员贷款的难题。该模式下，产业协会承担了全部风险责任，一定程度上制约了协会的发展。

（4）风险控制。该模式下，产业信用协会的风险主要通过以下几种方式来防控：一是反担保机制。在会员想要申请贷款时，需要上交给协会一定资产的抵押物，同时抵押物的处置权也交给协会，在会员发生违约后，协会根据情况来处置该会员的抵押物。二是会员信用评估。在农户申请成为产业信用协会的会员之前，产业协会会根据银行的信用评级模块对该农户进行评级。利用信息对称的优势，把大量隐藏在农村社会中难以量化的，而又有益于理事会进行担保互助决策的软信息和无形资产嵌入会员的信用评级中。三是会员之间的相互担保。如果借款的会员发生贷款风险，银行会按照与协会签订的合作协议，直接扣除担保基金；之后，产业信用协会降低该会员的信用评级，若再次发生违约，会继续降低该会员的信用评级，每次逐渐加重惩罚，一直到会员没有资格继续申请贷款，并且以后也不允许该会员再次入会。同时，该会员的抵押物将由协会中其他会员负责接管或收购，所得资金及时补足担保基金。

（5）相关政策支持文件。该协会的模式比较新颖，需要各个部门的协调配合，来应对可能出现的风险。为了支持合作社内部信用合作业务的开展，沅陵县政府出台了关于农村产权交易的政策文件，解决了农村融资难题，推动了农村合作金融的发展。相关政策文件如表 6 - 3 所示。

表 6 - 3　　　　　　　　政府对产业信用协会担保互助相关政策支持

时间	文件	主要内容
2007 年	中国银行业监督管理委员会《农村资金互助社管理暂行规定》	提出农村资金互助社设立的基本原则、社员和股权管理规定等
	中国银行业监督管理委员会《农村资金互助社组建审批工作指引》	规定了筹建工作程序、开业工作程序、需要审核的相关材料等
2009 年	银监会和农业部《关于做好农民专业合作社金融服务工作的意见》	把农民专业合作社纳入农村信用评定范围，鼓励扩大可用于担保的财产范围，创新符合法律规定和实际需要的抵押贷款品种
2014 年	《沅陵县农村综合产权交易管理暂行办法》	产权交易合同交易双方的权利及义务等

资料来源：根据相关文件整理所得。

该协会的这些做法将违约风险和损失控制在一个比较小的范围内。通过对该协会模式的风险防控方面做法的分析，进一步地了解该协会的这些做法。首先分析该协会的内部风险。一是股权分配方面，从会员是否入股方面来看，产业信用协会并没有要求农户入股，而是采取会员制的形式，要求缴纳一定的风险保证金，作为后续的担保基金。二是决策权方面，产业信用协会设有监事会和理事会，贷款情况由该协会的员工和理事长共同决定，决定是采取"一人一票"制的形式，同时出具担保函，和后续对抵押物的处置直接挂钩。可以看出，决策权并没有集中于某一个人。三是贷款方面，并没有严格地限定贷款用途，要求只对该协会会员进行贷款，同时还要求有担保和抵押物，在贷款前也经过严格的审查程序，贷款后也有相关的防范风险的措施。从贷款对象、贷款程序、贷款担保、贷后措施四个方面降低了贷款的风险。四是收益的分配情况，该模式下员工和理事长等并没有任何报酬，员工的积极性可能并不高，而会员也只是获得了享受贷款的权利，收益分配不合理。五是合作社自身运行规模及范围方面，从该模式的规模来看，产业信用协会的规模比较大，加上财政资金，同时可贷资金又被放大到一定的倍数。规模过大，有一定的风险。在运行的过程中，都限定在当地，且受当地金融办等部门的监管。

从产业信用协会的外部风险来看：一是产业信用协会的设立合规性方面，协会由当地的种养大户、农民合作社等发起设立，在当地民政部门登记。属于社会团体，没有正规的金融牌照，缺乏融资担保资格，该协会的所有业务受当地金融办监管。协会的资金来源主要是会员股金和银行资金。该协会从是否在政府部门登记备案、信用合作资金来源、贷款的服务对象三个方面保证了设立的合规性。二是合作社开展内部资金互助的其他风险，主要有政策方面的风险和市场风险。目前产业信用协会属于新出现的团体，很多法律还不够完善，政策变动的风险较大。对于农业生产，有可能受其他因素影响而导致农业损失，成员无法继续进行农业生产，进而还不起贷款，由该协会的做法可以看出，在该会员违约后，会有其他负责担保的社员来承担起偿还的责任，起到了一定的缓冲作用，市场风险比较低。

6.2.3　剩余控制权与剩余索取权的实施

通过分析剩余控制权的分配、实施及收益的分配方式来更进一步了解该模式下的风险防控情况。

（1）国家层面的保障支持体系。该模式和之前的合作社开展资金互助的模式不一样，产业信用协会还只是处于试点阶段，是一种担保互助的融资模式，目前还没有很好的政策来引导与监督管理，国家方面对该融资担保模式也没有相应的奖励政策，一些金融机构也因为该模式没有正规的牌照，选择不和它们合作。发展过程中也会遇到各种问题，沅陵县为了更好地支持协会的发展，扩大可抵押的范围，发布了关于产权交易的政策文件，有效解决了农村抵押品的问题，支持了产业协会的发展。

（2）会员的权利确定及资格认定。产业信用协会采取的是会员制，成为会员要求缴纳费用，但是入会后并没有股份。没有股份，也就没有后续的分红，可能导致社员的积极性不是那么高。设有担保基金，资金主要来源于会员的保证金，之后，银行会按照 5 ~ 10 倍的比例来发放贷款。农户在成为会员后，可以根据自己信用评级的等级在银行获得贷款。在成为会员时，要求需要借款的社员付出抵押品和担保。会员需要付出抵押物作为反担保，同时其他成员会根据自己了解的情况选择是否为该会员担保，这样的设置机制，保证了农户在入社后除了可以享受自己应有的权利外，还要承担自己负责担保的风险。

在农户选择加入产业信用协会的时候并没有要求入股，但是剩余控制权也不是掌握在少数人的手中，在对会员的各项业务进行评判的时候，由理事会的员工按照"一人一票"制来审议决定。没有股份的分配，对于剩余控制权的分配也就不存在。该模式是一种创新，还处于试点阶段，和前几种合作社的股权安排都不一样。

（3）产业信用协会内部的民主治理。产业信用协会以会员自治作为前提，下设理事会、监事会，并没有设立社员代表大会。理事会和监事会的成员由选举产生，之后在协会的日常管理中按照"一人一票"的原则来决定，是一种比较民主的治理方式。

虽然该产业信用协会并没有要求入股，但是在治理过程中，更加地注重会员间的信任关系，要求会员间进行担保也是一种防范风险的方法。扩大了农村抵押物的范围，用活了农村间的社会关系，会员自治的前提下，也可以发展得很好，并且设立了监事会，负责监督整个协会的工作。

（4）剩余索取权的分配。由于协会在设立成员入社标准时，并不是传统意义上的入社即入股，没有股份也就没有剩余控制权，也就不存在剩余控制权和剩余索取权的匹配。成员选择加入协会，也不会有二次分红，可以获得的利益就是享受适用风险基金的权利和贷款方面的优势。可获得的资金数额比较大，相对来说比较容易，对于解决大户贷款难题很有帮助。对于其他农户吸引力不够。同时协会的工作人员也没有相应的报酬，不利于协会的长期发展。加上该模式下，是一种由协会联保和会员间互保的担保融资模式，保证金都作为风险基金交由当地的农商行，风险几乎都由协会承担。在担保的过程中，协会和会员都承担了风险，可是协会却不收取任何费用，收益分配不合理，不利于产业信用协会的长期发展。

6.2.4 "社员股金＋银行资金"模式治理—风险—绩效的逻辑

通过对该模式的分析，可以看出该模式是处于试点中的担保融资模式，产业信用协会作为担保中介给社员担保，提高社员的贷款可得性，协会和银行签订协议，银行给社员提供贷款。该模式的特点如下：

（1）产业信用协会联保和会员互保的原则。产业信用协会设置了协会联保和会员互保的风险共担机制，由产业信用协会来负责整个过程中的担保，和银行签订协议，给会员增信，使会员可以获得更多的贷款。同时要求会员间互保，在借款人发生违约后，他付出的抵押品可能就会属于担保人中的某一个人，该产业信用协会采取的形式不是让某一个社员而是大部分社员来负责担保，如果他们同意担保，就在担保函上签字。这种模式总体上来说是一种比较好的融资模式，和上述案例中的担保模式相比又增加了贷款的安全性。但是协会本身的风险是很大的，作为担保主体，降低了贷款过程中的风险，却增加了产业信用协会运行的风险。

（2）扩大农村可抵押的物品。在产业信用协会会员提出贷款申请的同时需要缴纳一定的抵押品作为反担保，目前农村还没有这方面的具体法律文件，沅陵县设置了内部处置资产的方法，通过大家都认可的不违反法律的方法来确定价值，同时一些农具、房屋等很多资产都可以作为抵押品，扩大了农户手中可抵押的物品，提高了农户的融资可得性。

（3）适合农户的信用评级模式。由于该模式是一种融资担保的模式，在银行给予授信的时候，会有一个信用依据，该产业信用协会借用银行的信用评级模块，引入适合农村的模块，把农村的社会关系用活了，农村那些难以量化的有效信息就转化成了有用的信用评级。对于银行来说，增加了贷款的安全性，避免在不熟悉借款人时发生道德风险；对于协会来说，很好地利用了手里的各种资源，增加了产业信用协会的安全性，可以有效避免协会在担保上出现大的问题。

6.2.5 "社员股金＋银行资金"模式治理存在的问题及改进

虽然该产业信用协会的模式目前还处于试点阶段，但是不可否认，该模式取得了一定的成果，对于农村破解融资难题有一定的借鉴意义，不过在发展过程中仍然存在如下问题。

（1）身份不被认可。由于该产业信用协会的融资担保模式目前只是试点，并且没有正规的金融牌照，不被一些金融机构认可，无法和它们更好地合作发展业务，目前只有一家银行选择和产业信用协会合作发展贷款业务；另外，即使和银行进行合作，也没有更深层次的合作，加上协会的贷款担保程序相对比较复杂，需要经过产业信用协会和银行两重考验，不像上述的合作社，基本上都由理事长来直接决定，和其他融资方式相比并没有多大的优势。

（2）风险共担机制名存实亡。按照产业信用协会最初设计的担保原则，是由产业信用协会和会员一起来负责担保，并且承担相应的风险，但是实际运行过程中，并没有得到预先设计的效果，产业信用协会的风险共担机制并没有建立起来。产业信用协会作为一个负责担保的社会团体，承担了几乎是全部的风险，却没有收取任何担保费用；成员间的相互担保，获得了一定的利益，就是在风险发生后可以拥有获得原社员的产业或者抵押物的权利，由该成员来负责原成员的债务，但是在最后发生风险的时候，还是由产业信用协会来承担最终的责任，实际上并没有把风险分担给会员。

（3）监管不到位。一是产业信用协会的模式并没有相应的法律文件来认可、指导，只能在县民政部门登记为社会团体。而县民政部门对于该产业信用协会的监督管理不可能像其他金融机构一样，也没有具体的法律政策来指导该产业信用协会的运行，可能出现一定的问题；二是该产业信用协会在担保过程中签订的协议也只是一个承诺，没有法律效应，一些抵押物的处理是一个比较大的问题；三是产业信用协会内部的人员金融知识不健全，也没有相应的规章制度来监督管理协会会员。

对于产业信用协会模式中一些存在的问题提出以下建议：一是风险共担机制，该模式下虽然设立了由协会和社员共同担保的机制，但是没有实际作用，需要做出一定的修改，首先，协会需要收取一定的担保费用，作为回报，这些费用可以用来发工资等；其次，对于那些由于非正常原因到期不能偿还的社员，设置一定的惩罚措施，比如降低社员的贷款额度，严重时可以取消其贷款的权利，来防范社员的道德风险。二是监管方面，首先，国家层面需要设立具体的指导性文件，指导产业信用协会的运行；其次，合作社可以聘用一些金融方面的专业人才来负责协会的日常业务，防范操作上的风险。

6.3 "供销社模式"治理—风险—绩效机理分析

6.3.1 供销社内部信用合作治理与风险防控的绩效

2015 年中共中央出台了《关于深化供销合作社综合改革的决定》，其中就包含了供销社开展合作金融的决定。供销社自身具有自上而下的优势，并且资金雄厚，还具有市场优势，发展农民专业合作社具有非常大的优势。以供销社的组织体系为基础，按照封闭性、社员制的原则，依托农民合作社发展农村资金互助，同时还要坚持不支付固定的回报、不对外吸储放贷这两个前提。在这个大环境下，黄山区创新提出了"黄山模式"。自 2015 年 5 月运行以来，全社始终坚持上述决定中的原则，同时又坚持"小额分散"的运行原则，已初见绩效。2018 年，黄山区农村资金互助部累计发展社员 8.7 万人，互助金归集余额 10 亿元，累计发放互助金 27 亿元，不良借款率为 0.3%。四年来，先后对近 5 000 个涉农项目进行了扶持，累计投放互助金借款 24 亿元，并积极参与金融扶贫，累计发放扶贫借款近 3 000 万元。解决了一批涉农企业融资难题，赢得了广大涉农企业及农户的普遍赞誉[①]。取得的绩效如表 6-4 所示。

表 6-4　　　　　　　2015-2018 年"黄山模式"取得的绩效

时间	期末的社员数（户）	期末累计互助金归集额（万元）	期末累计互助金发放额（万元）
2015 年	27 059	13 215.07	16 562.77
2016 年	60 285	55 227.27	55 327.69
2017 年	85 375	140 263.65	145 644.87
2018 年	87 483	249 490.07	278 120.90

资料来源：根据 2019 年实地调研整理所得。

6.3.2 供销社内部信用合作治理与风险防控的实践

供销社内部信用合作模式是如何通过治理机制的设计来防控风险是分析的

---

① 资料来源：根据 2019 年实地调研整理所得。

重点，本书主要从基本情况、组织架构、贷款担保、风险控制、相关政策支持文件等方面详细探讨其治理机制设计。

（1）基本情况。黄山区供销总社根据前期在其他地区实地调研的基础上，按照当地人群分布情况、地域特征等，创新地提出了适合本地发展的"黄山模式"，即"平台"（黄山区供销农副产品专业合作社联合社）、"品牌"（黄供信合）、"风险防控"（建立统一的风险金管理制度）、"法人管理"（黄山区供销农副产品专业合作社联合社以一级法人资格对各区县合作社实行统一管理）以及"管理制度"（主要指的是区县实施的社员借贷政策等）五统一，并提交黄山区政府研究。2014年9月22日，在黄山区第十八次常务会议上经研究一致同意，接着由市供销社领办，在2014年11月注册成立了由供销社社有企业控股的黄山区供销农副产品投资发展有限公司，注册资金为5 000万元；2015年1月，又成立了黄山区供销农副产品专业合作社联合社，下辖的各个区县也相继成立了供销农副产品专业合作社，于同年2月开始试运行，5月初先后开始正式开业。

黄山区供销合作社联合社依据《中共中央、国务院关于深化供销合作社综合改革的决定》和《中共安徽省委、安徽省人民政府关于深化供销合作社综合改革的实施意见》文件精神启动转型，更名为黄山供销集团有限公司（简称"黄山供销集团"），于2016年8月注册创立，注册资金为8 000万元。集团以服务"三农"和投资管理为主，拥有涵盖工业制造、农业投资、电子商务、合作金融四方面的企业16家。

为了更好地服务"三农"，解决农户融资难和融资贵的问题，各个合作社都成立了资金互助部，以此来调节社员间的资金余缺，促进合作社的社员之间通过资金互助来实现生产和供销合作，最终形成以合作社为主体的生产合作、供销合作以及信用合作"三位一体"的新型农民专业合作社经营机制。目前全社一共成立了7个资金互助部。资金互助部成立时的注册资金最低为500万元，有两个资金互助部分别达到了600万元和1 000万元。资金来源比较广泛，包括市供销社所属企业投资、当地供销社投资、当地龙头企业投资、拟任该合作社理事长投资、农户投资入股等。

各个区县的资金互助部都有一些入社要求：农户没有比较大的不良信用记录、具有一定的偿还能力。另外，祁门县的资金互助部规定，如果是外地户口，需要在当地有住房并且居住时间超过一年才可以申请入社；在当地工作并且缴纳社会保险达到一定的年限才可以申请入社。夫妻双方有一方为当地户口的也可以申请入社。休宁县资金互助部直接规定入社的会员必须是成年人。另外，只有两个资金互助部在入社时要求缴纳一定费用，但是农户可以出资入股。

社员在申请借款时，还需要满足如下几个条件：一是借款的用途要明确，只能用于农业，如果发现借款社员将资金用于其他方面，马上予以阻止，并且及时收回借款。同时，减少该社员的可贷数额。另外，贷款用途必须合法合规。二是符合互助金的借款对象范围，前面已有详细介绍。三是需要付出符合要求的担保，并且提供一定价值的抵押品。四是各个资金互助部的其他条件。对于互助金的借款期限，一般情况下，根据借款人的具体用途等因素来确定，最长不能超过 1 年。

社员在借款时，借款费率按照不高于银行同期贷款利率 4 倍的标准来收取，具体按照各个资金互助部的相关规定来执行。实行按日计算、按月收取的方式来收取互助金的使用费。合作社社员入社后，会参与资金互助部的日常管理，同时享受一定的权利：一是享受惠农补贴。在加快推进利率市场化的大背景下，惠农补贴率是参照中国人民银行存款基准利率，按照成本覆盖原则测算、制定的。目前执行的年惠农补贴率为 4.25%。二是享受借用互助金的权利。三是享受专业合作社提供的其他优质服务的权利。该合作社社员在入社后的收益和存入银行的收益对比，如入社社员缴纳 1 万元定期一年的互助金，定投收益如下：

定投收益 = 本金 + 惠农补贴 = 10 000 + 10 000 × 4.25% = 10 425（元）

假设银行年基准利率为 1.5%，上浮 30% 后利率为 1.95%。同期银行定投收益如下：

定投收益 = 本金 + 利息 = 10 000 + 10 000 × 1.95% = 10 195（元）

（2）组织架构。各个区县的资金互助部在成立时会建立合作社资金管理小组，以保障资金筹集和其后的资金使用。如徽州区供销农副产品专业合作社的资金管理小组由当地的区供销社、理事会和监事会组成。区供销社主要负责指导当地合作社的资金互助部的设立以及运行。按照本人自愿的原则从当地涉农企业负责人中推选社会诚信度高、管理能力强和有一定经济实力的理事长人选，人选最终由市供销社审查后决定。理事长作为该合作社的大股东之一，必须投资黄山区供销农副产品投资发展有限公司 50 万元以上，以此来参股该公司，参与该公司的日常管理。监事会则是负责监督该互助部的所有业务以及各个管理层。

合作社的股权太过于分散会导致股东对专业合作社缺乏有效的控制，不利于合作社业务的开展，太过集中又会让一些大股东为了一己私利而损失整个合作社的利益，甚至可能出现"放高利贷、非法集资"的违法做法。黄山区供销社创造性地提出了"两级控股，双向参股"的组织结构。即：黄山区供销社及省供销社所属企业出资控股黄山区供销农副产品投资发展有限公司 61% 的股份，该公司通过出资控股区县供销农副产品专业合作社 51% 的股份；同时，区、县供销农副产品专业合作社理事长参股该公司，实现上下双向参股，彼此可以互相牵制。供销社的社有资本控股明确了以供销社为主体的运行机制，上下互相参股的机制确定了黄山投资发展有限公司和合作社之间的利润共享架构（见图 6-3）。

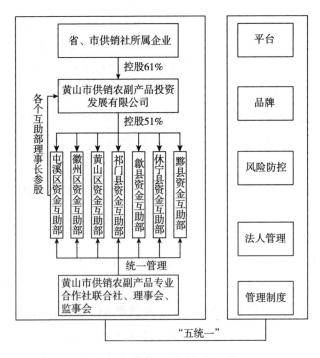

图 6-3　供销社模式组织架构

资料来源：根据 2019 年实地调研整理所得。

（3）贷款担保。大部分的资金互助部要求社员贷款时需提供必要的抵押物和相关担保人的担保。合作社的社员要获得借款，需要找有偿还能力并且愿意为其担保的社员来担保。除此之外，还需要一定价值的抵押品，各个合作社的资金互助部会根据该社员提供的抵押品的价值来给出具体的可贷数额，一般情况下，贷款数额在 10 万~30 万元。

（4）风险控制。"黄山模式"从以下几个方面来防控合作社的风险：

一是确定监管主体。目前，我国各个省份的很多农村地区都在开展资金互助业务，但是合作社的监管主体却五花八门，也有监管不到位的情况。监管主体的不确定性给合作社开展资金互助业务带来了麻烦，一旦出现风险，各个监管主体都会推卸责任，不利于合作社长期发展。由于现在我国的合作社还处于发展阶段，很多法律政策文件还不能很好地指导合作社的发展。

为了更好地指导合作社以及避免监管错乱的情况，黄山区在开展资金互助之前就经过市政府的研究许可，确定了各个部门的职责，由供销社牵头成立，在工商局登记，金融办负责监管，有效解决了上述问题。2016 年 4 月 13 日，黄山区金融办、黄山区农委、黄山区工商局、黄山区供销社联合出台《黄山市供销农副产品专业合作社资金互助业务监督暂行办法》，该办法明确指出风险防控的监管主体，同时制定了相关监管制度，很好地支持了合作社的发展。

二是统一管理。市合作社联合社对当地各地区的资金互助部进行统一管理，也就是"平台""品牌""风险防控""法人管理""管理制度"这五个方面的管理。从合作社建立到长期运行，都在合作社联合社以及市供销社的指导下。使各个区县的合作社一起"抱团发展"，给予各个合作社足够的资金保障，由市供销社和合作社联合社统一管理，也提高了合作社风险防控的能力。还引用了资本金体系以及风险金制度，坚持做到小额、短期和分散的借款准则，在计提准备金等八个方面建立了数字化风险防控系统。如不良借款率不能超过 1%，农户借款均额 30 万元左右，互助资金投放率小于 85%，计提风险准备金 9% 等，实现数字化管理方式。

三是专业人才。该模式下合作社在组建资金互助部时会招聘具有金融专业知识，或有一定的金融工作方面的经验，抑或有一定的金融风险识别意识的人来管理资金互助部，这样做可以提前并且及时发现风险，并阻止风险的发生，即使在风险发生后，该类人才也会根据自己的经验来采取一些补救措施。另外，各个互助部也会定期举办员工风险防控培训大会，让员工能够更加了解并且做到风险的提前防范。

四是贷后相关措施。黄山区各个资金互助部应对不良贷款的方法主要有：通过贷款后了解借款人的具体经营或者资金状况，来确定其清偿能力，并且令其在一定的期限内偿还贷款；必要时通知负责担保的人帮助还贷，快速处置不良贷款；最后，迫不得已的时候会实行诉讼催收。另外还有债务重组、上门催收、互助金借款核销等处置措施。对于资金互助部产生的不良借款，按照一户一笔的方式建立不良借款台账，对于不同的借款人采用不同的处置方式。归集不良资产的档案，提高借款业务的质量。

（5）相关政策支持文件。资金互助部需要政策的支持，也需要政策的指导。同时受到当地金融办、农业农村委员会以及供销社等有关部门的监督管理。相关政策文件如表6-5所示。

表6-5　　　　　　　政府对合作社内部信用合作的相关政策支持

时间	文件	主要内容
2007年	中国银行业监督管理委员会《农村资金互助社管理暂行规定》	提出农村资金互助社设立的基本原则、社员和股权管理规定等
2009年	银监会和农业部《关于做好农民专业合作社金融服务工作的意见》	把农民专业合作社纳入农村信用评定范围，鼓励扩大可用于担保的财产范围，创新符合法律规定和实际需要的抵押贷款品种
2011年	《黄山市人民政府办公厅关于印发黄山市供销合作社综合改革实施方案及配套制度的通知》	采取自办、领办、合作、服务等模式，加快发展农民专业合作社。探索创办土地流转、土地托管、农机作业以及资金互助、农家乐等产业型、服务型农民专业合作社
2014年	《关于全面深化农村改革　加快推进农业现代化的若干意见》	鼓励有条件的农民专业合作社开展内部信用合作
2015年	《中共安徽省委、安徽省人民政府关于深化供销合作社综合改革的实施意见》	领办创办农民专业合作社。供销合作社要充分发挥自身优势，依托基层社、龙头企业，采取多种形式，广泛吸纳农民、种养大户和各类农村新型经营主体入社入股，创办一批管理民主、制度健全、产权清晰、带动力强的农民专业合作社
2016年	《黄山市供销农副产品专业合作社资金互助业务监督暂行办法》	明确监管主体，制定相关监管内容

资料来源：根据相关文件整理所得。

　　该模式的治理机制有很多值得借鉴的地方，本书首先分析该模式下对合作社内部风险的防控：一是股权分配方面，从社员是否入股方面来看，有些互助部的社员在加入时并没有要求入股。黄山区供销社在设立资金互助部时有很多资金来源，并不仅仅是当地的农户，大股东是黄山区投资发展有限公司，同时合作社的理事长也会参股该公司。和一般的信用模式都不一样，该模式下双方互相参股，共同治理，股权分配不合理。二是决策权方面，供销社资金互助部并没有设立社员代表大会，贷款情况由资金互助部的员工和理事长共同决定，决策权并没有集中于一个人。三是贷款方面，不是农业生产的、非内部人员不给予贷款，同时还要求有担保和抵押，在贷款前也经过严格的审查程序，贷款后也有相关的防范风险的措施。从贷款用途、贷款对象、贷款程序、贷款担保、贷后措施五个方面降低了贷款的风险。四是收益的分配情况，该模式下资金互助部并没有设立分红，设立了惠农补贴，其他工作人员也都有工资，收益分配比较合理。五是资金互助部自身运行规模及范围方面，从该模式的规模来看，由于由黄山区供销社出资控股设立，各个资金互助部的规模比较大，最低都是 500 万元，最高是 1 000 万元，但是供销社资金互助部基本都是按照小额、分散的原则来实施的，很少发生不良贷款，这也主要是基于合作社联合社和市供销社的统一管理。

　　从资金互助部的外部风险来看：一是资金互助部的设立合规性方面，资金互助部由黄山区发起设立，在当地工商部门登记，按照各项基本原则开展内部资金互助业务，所有业务受当地金融办监管。社员的资金来源主要是黄山区投资发展有限公司、农户、当地龙头企业等。该互助部在政府部门登记备案、信用合作资金来源、贷款的服务对象等方面保证了设立的合规性。二是供销社内部资金互助部的其他风险，主要有政策方面的风险和市场风险。黄山区金融办联合黄山区工商局和市供销社联合出台了当地资金互助业务监督的暂行管理办法来规范供销社开展资金互助，政策变动的风险比较大。对于农业生产，有可能受其他因素影响而导致农业损失，社员无法继续进行农业生产，进而还不起贷款。资金互助部也没有这方面的保护措施，有可能会导致资金互助部的损失。

6.3.3　剩余控制权与剩余索取权的实施

通过分析剩余控制权的分配、实施及收益的分配方式来更进一步的了解该模式下的风险防控情况。

（1）国家层面的保障支持体系。在供销社发展内部资金互助业务的过程中，会出现各种各样的模式，错综复杂，如果得不到很好的引导与监督管理，可能会导致不好的结果。为了避免发生不好的结果，一方面，相关部门不断出台政策法规，首先是中央文件鼓励有能力的合作社率先发展信用合作，其次是中国银监会、农业部、供销合作社总社都印发了关于开展农村信用合作相关方面的通知，最后是黄山区金融办、黄山区农委、黄山区工商局、黄山区供销社联合出台了与合作社开展资金互助相关的政策文件，保证了供销社开展资金互助的正常发展。另一方面，随着相关部门不断完善法律文件，保证供销社内部信用合作的健康持续发展。正是由于安徽省黄山区政府的投入与控制权相匹配，使得供销社内部资金互助的发展取得了比较显著的成绩。

（2）社员的权利确定及资格认定。资金互助部对于社员的入社并没有要求缴纳费用，同时入社后也没有股份。这和一般合作社内部信用合作的机制都不一样，社员没有股份，只是会获得相应的惠农补贴，社员的积极性不是那么高。该合作社下设资金互助部，负责开展合作社内部资金互助业务，注册资金来源广泛，农户可以出资入股，但是黄山区供销农副产品投资发展有限公司是大股东。同时供销社的理事长参股该公司，这样设置的好处是双方共同承担风险，利益共享。设有资金池，资金主要来源于社员存款。农户在入社后，就享有了社员的权利，同时参与合作社的日常管理、享有互助金的使用权利等。在入社时，要求需要借款的社员付出抵押品和担保。这样的设置机制，保证了农户在入社后可以享受自己应有的权利，而且也要求承担自己负责担保的风险。

一开始社员加入的时候并没有要求入股，从而该资金互助部的剩余控制权就主要掌握在黄山区供销社，由该社进行统一管理，但是该模式并不是传统意义上的大股东模式，供销社这样做的意义是为了更好更方便地管理各区县的合作社。虽然这样的股权安排方式不合理，农户出资入股，几乎没有分配多少剩余控制权。但是这种股权安排可以很好地控制风险。

（3）合作社内部的民主治理。"黄山模式"采取的是"两级控股，双向参股"的股权结构。设置了市供销农副产品投资发展有限公司，由该公司对各个资金互助部进行管理，而该公司又由省区市供销社所属企业负责统一管理，通过公司对资金互助部的决策产生影响，同时资金互助部的理事长参股公司，以此达到约束对方的行为，具体包括股东会表决等方式，这种结构使各个组织之间相互制衡，降低了管理方面的风险。但是该模式下，虽然双方互相都有参与对方的管理，但是对于理事长能否代表各个合作社的大多数农户，值得思考。

资金互助部下设理事会、监事会，并没有设立社员代表大会。理事长由当地具有金融专业知识或者防范金融风险方面能力的涉农企业中选出，理事长参股黄山区供销农副产品投资发展有限公司，参与该公司的管理。这样的治理机制对于管理层来说比较民主，但是并没有社员代表参与其中，社员的权利得不到很好的体现。

（4）剩余索取权的分配。资金互助部在设立社员入社标准的时候，就没有给予社员相应的剩余控制权，最后的剩余索取权的分配也和剩余控制权相对应，只是分配了惠农补贴，没有给予相应的分红，保证了基本利益。一方面，这是一种比较好的分配方式，按照剩余控制权和剩余索取权相匹配的要求来设计。另一方面，该模式不能给予一些农户很大的吸引力，没有分红，自己还要承担作为担保人的风险，无法获得更多的利益。但是对于当地的大部分农户来说，是一个比较好的选择，他们有多余的闲钱，不知道其他可以赚钱的方式，该模式给他们提供了一个选择，而且由黄山区供销社领办，当地各个部门协调配合，是一个不错的选择。

6.3.4　供销社内部信用合作治理—风险—绩效的逻辑

综合上述分析可知，该模式是一个比较稳定的发展模式，由当地供销社负责统一管理，基本不会发生风险，应对风险的措施也比较有效。该模式下的主要亮点如下：

（1）"五统一"的管理方式。该模式下，由黄山区供销社负责发起和管理，成立黄山区供销集团，为社员提供各方面的支持，包括资金、信息、技术等，同时集团下属企业出资控股合作社，按照设立的五个方面的标准来管理各个合作社，市下辖区县的合作社在统一的标准之内，方便管理，突破了单合作社资金、管理上的劣势，各个合作社一起抱团发展，都在供销集团的指导和监督管理下，可以有效防止一些不必要的操作风险，另外，一起发展还可以发挥规模上的优势，各个资金互助部也可以通过供销集团这个大平台发展得更好，统一的管理模式可以很好地防范风险。

（2）合理的股权结构。"黄山模式"采用的是"双向参股，两级控股"的股权结构，供销集团（原黄山区供销合作社联合社）下属企业控股资金互助部，同时资金互助部的大股东也会参股管理企业，可以通过股东表决等方式来影响企业的决议，维护社员的利益。虽然双方股权都比较集中，但是相差不大，比较平衡，可以相互牵制，在一定程度上有效防范"内部人控制"等风险的发生。是一种比较创新的股权结构，股权集中且平衡，可以有效降低管理上的风险。

（3）内部人员金融素质好。另外一个亮点就是该模式下的管理层都是具备金融知识的高素质人才，都有一定的管理风险方面的经验，不会出现操作上的风险；另外，合作社都会定期培训员工的金融风险知识、业务能力、财务等相关知识，让他们更加清楚地知道风险和收益是怎么一回事，提高了员工的金融素质，进而提高了大家的风险防控意识，像第一道金融安全网设置的机制一样，在社员申请借款前就提前具备了很好的风险防控意识，可以在一定程度上防范社员的道德风险。

6.3.5 供销社内部信用合作治理存在的问题及改进方法

供销社模式下，由于规模比较大，资金互助部发展起来没有太大的困难，下属的资金互助部都在供销集团的统一管理下，具有防范风险的统一机制，在资金互助部运行过程中也不会出现比较大的危险，同时，供销集团作为合作社的管理者与支持者，相当于承担了作为资金互助部"最后贷款人"的职责。该模式主要存在以下问题：

（1）组织决策上不够民主。"黄山模式"采用了比较创新的股权结构，股权集中于大股东，为了制约，双方的股份相差较小，彼此利益相关，互相牵制，有效地防范了股权集中于一人的风险，但是由于没有设立社员代表大会，大部分社员的利益无法实现，不能很好地解决社员的需求。只设立了理事会和监事会，理事会基本都是资金互助部内的大股东，社员几乎没有什么话语权，可能会发生内部人控制的风险。

（2）收益分配不合理。供销社模式下，最后盈余分配的机制并没有设立二次分红，社员将闲置资金交给合作社，就是希望能获得一定的收益，同时获取一些技术、信息等方面的支持，没有二次分红，对于一些没有生产方面需求的农户来说，就没有很大的吸引力，这样会导致一些成员的积极性不高，不利于合作社的长期发展。

（3）社员风险意识低。资金互助部在运行过程中，由于供销社拥有完整的治理体系，基本上不会发生风险。发生的一些不良贷款，都是因为社员的风险意识没有建立起来，存在赖账的心理，因此必须设置一定的措施，防止其他社员效仿。

针对该模式下存在的一些问题，提出以下建议：一是设立成员代表大会，选出具有代表性的社员，维护广大社员的利益，代表其他社员参与合作社的日常管理；这也是避免内部人控制的一种治理机制，设立成员代表大会后，可以在一定程度上增加社员的集体意识，使资金互助部的治理更加民主，防范内部人控制现象。二是设置分红机制，收益和风险是相互匹配的，社员把钱放在合作社，就是想获得一定的收益，如果获得的收益低于预期，社员就会退社。因此需要提高社员的积极性，给予相应的分红。可以按照和股份相结合的方式来分配盈余。

6.4 "财政资金＋合作股金＋银行资金"模式治理—风险—绩效机理分析

6.4.1 "财政资金＋合作股金＋银行资金"模式的绩效

安吉两山农林合作社联合社是中央财政支持农民合作社发展的试点，由当地的农业龙头企业作为发起人，成立于2015年6月，注册资金为2 000万元；

中央财政注入风险金 1 000 万元，2018 年 5 月，注册资金变为 5 000 万元。到 2017 年末，安吉农商行已经累计为 308 户社员发放"两山农林贷"2.98 亿元，农林联合社为社员累计提供转贷资金 8.45 亿元，帮助涉农主体节约了资金成本 600 余万元。到 2019 年 5 月，两山联合社为社员累计担保超 11 亿元、在保金额 4.1 亿元；为 500 余家社员提供融资及资金互助业务，累计金额达 60 亿元，支持的合作社及涉农企业共实现农业总产值超 30 亿元①。

6.4.2　"财政资金＋合作股金＋银行资金"模式治理与风险防控的实践

"财政资金＋合作股金＋银行资金"模式是如何通过治理机制的设计来防控风险是分析的重点，本书主要从基本情况、组织架构、贷款担保、风险控制、相关政策支持文件等方面详细探讨其治理机制设计。

（1）基本情况。安吉两山联合社于 2015 年 6 月成立，当地龙头企业作为发起人，多家农民专业合作社作为核心社员一起组建，注册资金为 2 000 万元，中央财政注入风险金 1 000 万元。法定代表人为原安吉县经济开发区管委会常务副主任。2018 年 5 月，注册资金变为 5 000 万元。联合社吸收了县域 317 家农民专业合作社及农业企业为社员，直接带动农户 6 000 多家，开展融资担保、资金互助、农业产业化服务，更好地服务于农，支持农民合作社抱团发展，是为安吉农业企业、农民专业合作社、家庭农场提供"产前金融支持、产中技术帮扶、产后产品销售"三位一体服务的农业全产业链服务平台。

2017 年 1 月，安吉两山农林合作社联合社经省工商局变更，变为"浙江两山农林合作社联合社"，同时下辖成立了浙江两山农业发展有限公司安吉两山非融资性农林担保有限公司等。由两山联合社全额出资注册成立"浙江两山农业发展有限公司"，建立起产中技术帮扶和产后产品销售的农业产业化服务平台，大力推进农业产业化服务，通过两山农业积极开展农林业技术培训、农业无人机植保、农资服务、代理记账等七大产中技术帮扶。在农产品统一销售上有新突破。注册了"两山"商标，统一品牌、统一标准、统一营销，在

---

① 资料来源：根据 2019 年实地调研整理所得。

江苏、上海、杭州、湖州等设立两山农副产品经销点，初步搭建起线上线下联动销售渠道。目前主要推出了两山安吉冬笋、白茶、高山绿茶等两山品牌系列农副产品。

将中央财政1 000万元试点资金注入两山联合社作为风险资金池，并与两山联合社2 000万元注册资金，以1:10的比例放大争取安吉农商银行支持"三农"信贷资金3亿元，实现了财政资金撬动30倍社会资本和金融资本的放大作用。

为了更好地支持合作社发展，联合社和农商行共同创新了一个适合合作社社员的贷款产品"两山农林贷"，该产品规定利率比基准利率低10%。县财政为了保证农商行的正常收益，每年会根据贷款金额按基准利率贴息40%给安吉农商行；还会给予联合社担保额度2%的补贴，来保证联合社的正常运行以及弥补担保坏账损失储备。创造了财政资金撬动社会资本、农商行利息有保证、农户得实惠、农林联合社得到持续发展的"四赢"局面。

由于银行负责管控风险，涉农贷款基本都是按照一年一还一贷的模式来设计的，即在社员的这笔贷款到期时，必须本金和利息一起还上，才能再次获得贷款。由于农业生产季节性强，市场无法预测，加上还有无法预测的风险，社员的资金在到期时有很大可能难以还清贷款。因此，联合社还为社员提供短期融资，为社员解决资金周转上的难题，帮助其恢复生产，也使得联合社可以持续发展下去。

（2）组织架构。搭建了以政府为引导、财政资金为支撑、安吉农商银行为金融支持主体、两山联合社为实施主体、农民合作社为受益主体的协作框架，"五指合成拳"，建立了一个支持"三农"发展的创新合作平台。安吉两山联合社下设资金互助部、担保业务部、农业产业化服务部。设有理事会和监事会，在理事会领导下，分工协助，为联合社社员开展服务。监事会则负责监管整个联合社。

安吉农商银行明确信贷流程，绘制流程图，挖掘符合支持条件的客户，积极向两山联合社推荐。客户提出融资申请时填写《安吉县两山农林互助合作基金贷款申请表》，由两山联合社完成资格初审，符合条件的由借款申请人向农商银行申请贷款，农商银行客户经理根据审查资料目录收集客户资料，结合实地调查情况完成对借款人的授信工作，并按贷款管理办法和操作程序规定进行放款（见图6-4）。

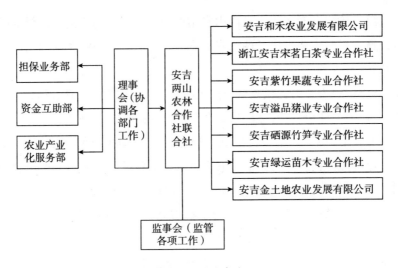

图6-4　组织框架

资料来源：根据2019年实地调研整理所得。

（3）贷款担保。针对一些合作社生产回收过程较长、收益到手慢的问题，银行推出针对合作社社员的中长期贷款，降低贷款利率，帮助这类社员很好地解决贷款需求；对于当地规模大、信贷需求比较多的合作社社员，银行在"两山农林贷"产品的基础上推出林权抵押贷款以及商标专用权质押等，将农村的"死资产"变活了，有效缓解了该类合作社社员的融资难题。

联合社与安吉农商行联合推出"两山农林贷"，规定土地承包经营权、林权等都能够成为抵押物，为合作社社员提供社员间资金互助等服务，盘活了乡间农林"沉睡资产"和民间资本。该贷款将合作社社员的信用、资产、权利组合评判，形成担保授信的评价依据，帮助合作社社员更好地开展农业生产活动。比如按照0.5万~2万元每亩的价值评估茶农提供的茶园证，之后则无须茶农提供其他形式的担保抵押品。

（4）风险防控。该联合社的风险防控措施主要就是风险共担机制，也就是把风险分担给各个主体，减少损失，具体如下：先是把中央财政资金1000万元作为固定风险金，一旦发生风险，先由固定风险金支付，再由两山联合社、县财政和安吉农商银行按5∶3∶2的比例补齐风险金，确保风险金不低于1000万元。形成长效多元的风险防控机制。之后，联合社又与省农担公司签订了合作协议，两山联合社承担的 50% 的风险中，由省农担公司再承担 25%。

为保障农民专业合作社稳健发展，防范信贷风险，安吉农商银行还持续做好农民专业合作社的后续跟踪服务，关注其生产经营情况，及时将其反馈至相关部门。若客户未能按期足额偿还贷款本息，在贷款逾期后 5 个工作日内通知两山联合社，在贷款逾期 30 日内催讨无效的，提出代偿申请并发出书面《安吉县两山农林互助合作基金补偿通知书》，按合作协议确定的比例，从互助合作基金专户中支付相应款项；对于恶性违约客户，建立黑名单，限制其政府补偿和新的基金池贷款项目。

若发生不良贷款，联合社开展追索，对于代偿部分由安吉农商银行和两山联合社共同行使追索权，追回资金返存风险资金池，确保风险资金池持续循环运行。若风险资金的损失能够追回，则 20% 返还农商行，其余全额投入风险金。与此同时，联合社也将每年利润的 10% 注入风险金池，确保风险金总额不低于 1 000 万元，形成长效多元的风险防控机制。由此，形成了财政、银行、联合社风险共担、合力支农的合作模式。

（5）相关政策支持文件（见表 6 - 6）。

表 6 - 6　　　　　政府对合作社内部信用合作相关政策支持

时间	文件	主要内容
2007 年	河北省人民政府《关于促进和支持农民专业合作社建设与发展的若干意见》	多层次多渠道开展培训，强化科技支持力度，提供保险支持
2009 年	银监会和农业部《关于做好农民专业合作社金融服务工作的意见》	把农民专业合作社纳入农村信用评定范围，鼓励扩大可用于担保的财产范围，创新符合法律规定和实际需要的抵押贷款品种
2014 年	《关于全面深化农村改革　加快推进农业现代化的若干意见》	鼓励有条件的农民专业合作社开展内部信用合作
2015 年	《关于全面深化农村改革　加快推进农业现代化的若干意见》	引导和促进农民合作社规范发展的总体思路、基本原则、主要目标和主要任务
2018 年	《农民专业合作社法》修订主要内容	调整法律范围，县级以上人民政府建立综合协调机制

资料来源：根据相关文件整理所得。

浙江两山农林合作社联合社在实践中很好地实施了风险共担机制，本书分析了该联合社的风险防控情况。从联合社的内部风险来看：一是股权分配方面，该模式和一般的合作社开展资金互助的方式都不一样，多家合作社共同出资成立联合社，各个合作社的社员有需求可以通过联合社的资金互助部办理贷款。股权是按照整个合作社来分配的，分配可能存在不合理的地方。二是决策权方面，合作社资金互助部并没有设立社员代表大会，贷款情况由资金互助部的员工和理事长共同决定，决策权并没有集中于一个人。三是贷款方面，贷款之前会有一个资格审查阶段，对于贷款除了限定在内部成员间，其他没有太大的限制，对于有特殊需求的合作社，联合社还会给予特定的支持，有特定的贷款抵押方式，无须其他担保。贷款后也有相关的防范风险的措施。从贷款对象、贷款程序、贷款担保、贷后措施四个方面降低了贷款的风险。四是收益的分配情况，该模式下资金互助部并没有设立分红，但是社员、安吉农商行、联合社等都获得了一定的利益，其他工作人员也都有工资，收益分配比较合理。五是联合社自身运行规模及范围方面，从该模式的规模来看，由于是由多家合作社共同设立，规模比较大，由联合社负责统一管理。联合社涵盖的合作社的经营类型多，运行范围涵盖比较广，风险比较少。

从联合社的外部风险来看：一是联合社的设立合规性方面，联合社的设立是中央财政支持农民合作社发展的创新试点，经过当地农业局、财政局、农商行等多个部门的协调支持，在安吉县市场监督管理局登记设立，所有业务受当地金融办监管。社员的资金来源主要是合作社资金、财政资金、农商行资金。该合作社从是否在政府部门登记备案、信用合作资金来源、贷款的服务对象三个方面保证了设立的合规性。二是合作社开展内部资金互助的其他风险，主要有政策方面的风险和市场风险。由于该模式是试点条件下创新提出的，如果要在其他地方实行，需要注意政策变动的风险比较大。对于农业生产，有可能受其他因素影响而导致农业损失，社员无法继续进行农业生产，进而还不起贷款。目前联合社还没有这方面的保护措施，有可能会导致联合社的损失。

6.4.3　剩余控制权与剩余索取权的实施

该模式改变了传统的财政资金直补形式，以中央财政 1 000 万元资金加上联合社出资，共同组成了农业信贷补偿基金。"资本合作＋贷款贴息＋银行信贷"模式，有效解决了农户融资难、融资贵问题，形成了比较有代表性的

"产前金融支持、产中技术帮扶、产后产品销售"模式，实现了金融与产业共赢、政府与市场共赢、社员与联合社共赢的局面。为了更好地了解该模式，本书采取和前几个案例一样的分析逻辑进一步分析该模式。也就是该模式下剩余控制权的安排。

（1）国家层面的保障支持体系。由于该模式是一个试点地区的创新模式，目前还没有很好的政策来相应地指导该模式。该模式在发展合作社资金互助时，基本都是按照几个比较大的原则来开展业务的。联合社在发展的过程中创新地提出了林权抵押贷款以及商标专用权质押作为担保或者抵押的物品，解决了农村缺乏抵押物的问题。

（2）社员的权利确定及资格认定。该联合社成立时，是由多家合作社共同出资成立的，代表的是整个合作社。和一般的合作社的模式不一样，成立联合社，联合社下设资金互助部，社员不用再次缴纳入社费用，也就没有股份，不参与联合社的日常管理。社员有融资需求，按照贷款程序来申请贷款，由联合社负责资格审查，银行负责发放贷款。资金来源于联合社资金、财政资金和银行资金。在申请贷款时，要求需要借款的社员付出抵押品作为反担保。

一开始社员加入时并没有要求入股，从而该合作社的剩余控制权就没有分配给其他合作社的社员，社员享有经过联合社向银行贷款的权利。由联合社进行统一管理，但是该模式并不是传统意义上的大股东模式，联合社这样做的意义是为了更好、更方便地管理各个合作社。这样的设置机制，使各个合作社一起抱团发展，农户虽然获得了可以经过联合社贷款的权利，没有获得剩余控制权，但是没有影响农户获得贷款，并且，在联合社的管理下，各个部门各司其职，各个合作社也发展得比较好。

（3）合作社内部的民主治理。联合社下设理事会、监事会，并没有设立社员代表大会。在社员有贷款需求时，由社员向联合社提出申请，联合社负责第一次审查，之后由农商行再一次审查该社员的信用资料。在联合社审查社员的过程中，由理事长和理事共同讨论决定，并不是由某一个人说了算。联合社办理各项业务都是以比较民主的方式来决定。但是理事会和监事会只是少数人，也就是联合社的大股东，并不能代表大多数成员的利益。

（4）剩余索取权的分配。联合社在设立社员入社标准时，就没有给予社员相应的剩余控制权，最后的剩余索取权的分配也和剩余控制权相对应，没有给予相应的分红。按照风险和收益相匹配的原则，联合社作为担保方，收取了一定的费用，农商行也获得了一定的利益。社员没有承担其他方面的风险，只是获得了可以在联合社获得贷款的权利。

和其他合作社的资金互助模式不一样，该联合社并没有分配剩余控制权。作为一个担保中介，负责和银行一起为农户贷款。提供给合作社各方面的资源，使各个合作社一起抱团发展，整合了资源，也获得了一定的收益，有利于联合社的长期发展。

6.4.4 "财政资金+合作股金+银行资金"模式治理—风险—绩效的逻辑

综上所述，该联合社的模式是一种财政资金加银行资金的模式。该模式是把所有的合作社归集到一起，发挥规模上的优势，同时给各个合作社提供各方面的帮助。既解决了农民贷款融资的问题，又发展了合作社，同时为农村金融市场带来了新的血液。该模式的优势主要有以下两点：

（1）风险共担机制。该联合社在风险防控方面做得比较好，由联合社、县财政、农商行三方一起承担违约后的损失，若贷款收不回来，则由三方先按照一定的比例补齐风险资金池，之后由农商行和联合社负责追回贷款，在社员偿还贷款后，再还给农商行。设置这样的机制，把风险分担给了农商行，也给了农商行一定的回报。社员在这个过程中，也承担了为其他社员进行担保的风险，获得了得到社员产业的权利。

（2）统一的管理模式。该联合社整合了多家农民专业合作社，其中涵盖了多个行业，经由联合社整合到一起之后，合作社之间的资源可以相互利用，提高了资源的利用率。联合社为合作社提供了一个社与社之间交流的场所，社员有需求可以通过联合社这个平台来互相帮助，和一般的地域限制相比，这种模式更能合理利用资源，促进合作社的发展。

6.4.5 "财政资金+合作股金+银行资金"模式存在的问题及改进方法

"财政资金+合作股金+银行资金"模式是联合社和银行共同监督管理其

他合作社，把中央财政资金作为联合社内部信用合作的风险资金池，发生违约后先由风险资金池支付，之后联合社和银行共同补齐资金池；追回的资金则先补足银行付出的资金。联合社和银行共同掌握剩余控制权，联合社贷前对社员进行信用评级，银行在贷后对社员进行监督管理；县财政会给予联合社担保额度一定的补贴，给予银行贷款额度一定的贴息，来保证联合社和银行的剩余索取权。但该模式治理设计仍存在以下问题：

（1）抵押品不充分。该联合社扩大了抵押品的范围，使很多社员的抵押物增加了，获得的贷款也相应增加。虽然给社员贷款带来了方便，但是关于抵押品的这些机制没有设计清楚，没有一个固定的可以依据的标准来给抵押物定价，也没有设置具体的关于抵押物的处置方式，即使可以用大家都认可的方法来确定其价值，但是如果之后社员无法还款，该社员所抵押的物品对其他社员又没有用处，这个抵押物所具有的价值就不存在了。

（2）组织不够民主。该联合社在组织上并没有设立社员代表大会，一般的社员无法参与组织的管理。一是社员的一些需求不能很好地得到满足，违背了合作社设立的初衷；二是理事会的成员都是合作社内的大股东，其他普通成员不参与到合作社的管理中，不设立社员代表大会，社员的利益得不到保障，加之合作社坚持退社自由的原则，如果社员的利益得不到保障，很可能会影响合作社的长期发展。

针对以上存在的问题，提出以下两点建议。一是合作社需要和相关政府部门协商，尽快出台和农村抵押机制相关的指导性文件，便于合作社开展工作，防止出现不必要的风险；二是成立社员代表大会，这样的组织结构相比较而言更加合理，更有利于合作社开展工作，社员的利益得到了保障，使得合作社更加快速地发展壮大，社员的需求得到了满足，就达到了合作社设立的初衷。同时也有助于提高合作社的整体实力，防范风险的能力也更强。

6.5 合作社内部信用合作典型模式治理—风险—绩效机理总结

按照一般治理理论和剩余控制权与剩余索取权相匹配理论分析各个典型信

用合作模式，找到了合作社存在的一些问题，包括合作社内部的治理和外部的治理，都存在一些问题。从外部治理看，虽然四个模式下政府都有投入信用背书，但是具体的监管部门没有明确指出。从内部治理看，"社员股金＋合作资金"模式一个比较大的风险就是风险集中于理事长，虽然剩余控制权与剩余索取权相匹配，但是，理事长出现问题，合作社就会出现问题。"社员股金＋银行资金"模式比较大的风险就是产业信用协会的剩余控制权与剩余索取权不匹配，作为信用担保主体，协会承担了风险，却没有收取任何费用。"供销社模式"由于成套的体系、统一的管理，保证了合作社信用合作业务的安全。浙江安吉的模式是一个比较好的发展思路，整体运行都比较规范，治理机制在现实中也得到了比较好的实施，风险几乎没有发生。

通过实地调查得出各个典型模式发展得都比较好，治理机制在实际运行中得到了比较好的实施，唯一存在问题的是外部以及内部的监管，各个治理机制对应了不同的监督方式，贷款后的监督很大程度上决定了合作社的运行效果。在合作社开展信用合作业务时，一方面需要设置比较契合的治理机制，确保能够有效实施；另一方面是需要有相应的监督，包括内部的和外部的监督。只要治理机制健全，并且能够很好地实施，监督到位，风险就不会发生。

第7章

合作社内部信用合作治理—风险—绩效机理：基于监督效率的分析

本书用监督效率模型来分析社员申请贷款时需要付出的抵押品的大小。需要付出的抵押品减少了，相当于可以获得的贷款额度就增加了，合作社的规模也就增加了，合作社的规模增加就说明治理机制实施得好。为了保证贷款的安全性，需要根据设置的治理机制防控对应的风险。

7.1 合作社内部信用合作监督效率

各个信用合作的模式不一样，但是因为各地的地域条件设施等不一样，都有一定的可取之处。几乎各个合作社在社员入股之前，都要求农户付出抵押和担保，但是目前农村还没有比较合适的抵押担保的物品，合作社也在相应地提出创新机制。本书将根据现实中合作社内部信用合作风险防控的三种模式进行数理模型的设计，根据相关数理模型来比较各种模式下农户需要付出的抵押品的价值大小，进而判断在一定的条件下，采取哪种模式比较合适。

借用洪正等（2010）的文章里面关于抵押品的模型。结合现实中合作社的运行情况，设计出能够在一定程度上有效反映合作社治理效率的数理模型。假设社员是风险中性的，需要借的资金为 I，它具有的抵押品价值为 D。假定社员从事的农业生产项目在最后只有成功和失败两种情况，并且假定失败后没有收益。设项目成功的收益为 S，失败为 0。如果借款人选择努力，则该项目成功的概率为 P_1；若不努力，成功的概率只有 P_2，但是会获得额外的私人收益 F。其他社员的资金成本为 α，农户选择把多余的闲钱放在合作社的一个最低要求就是期望收益率至少等于资金成本，即 $[P_1S_2 + (1 - P_2)D]/I = \alpha$。假定选择努力是社会占优和有效率的，即 $P_1S > \alpha I > P_2S + F$。设 $f = P_2/P_1$。融资合同的设计：借款的社员在项目成功时可以获得收益 S_1，失败时就只损失掉抵押品（借款人是有限责任的）；其他社员在项目成功时可以获得的收益为 S_2，失败时获得原社员的抵押品。激励合同的设计：一是满足借款社员的激励相容约束，也就是社员在合作社贷款后选择努力工作获得的收益不低于选择不努力工作所获得的收益；二是满足借款社员的有限责任约束，也就是社员运行的项目在失败时最多只会损失掉抵押品；三是满足其他社员的参与约束。在满足上述条件下考虑借款社员的最优化问题。

借款人规划一：

$$\max P_1S_1 + (1 - P_1)(-D) \tag{7.1}$$

借款人激励相容：

$$\text{s.t. } P_1S_1 + (1 - P_1)(-D) \geq P_2S_1 + (1 - P_2)(-D) + F(0) \tag{7.2}$$

$$P_1S_2 + (1 - P_1)D \geq \alpha I \tag{7.3}$$

$$S = S_1 + S_2 \tag{7.4}$$

$$S_1 \geq -D \tag{7.5}$$

求解得到的抵押品最少为：

$$D_1 = \alpha I - P_1S + F(0)/1 - f$$

从而可以得出，只有当借款人的抵押品价值超过某一个值时才能获得融资，低于此值将被排除出信贷市场。通过提高农户拥有的抵押品的价值，可以使农户更容易获得融资。在农村地区，几乎没有符合农村金融机构要求的有效抵押品，在抵押品缺乏的情况下，需要发展抵押品替代机制，主要通过实施监督来减少借款人的道德风险。

在农村金融市场下，监督可以分为三类，分别对应不同的融资形式：一是直接监督，如亲友间借贷、民间借贷等；二是同组监督，主要是合作性金融组织，如信用合作社、团体贷款等；三是代理监督，即某种形式的中介化，代理监督者可以是无资本的纯粹中介，也可以是提供部分自有资本的非金融中介。

监督活动需要花费一定的成本 c，将借款人的私人收益 $F(0)$ 降为 $F(c)$。同时监督者的期望收益率至少等于其资金成本，即 $(P_1S_3 - c)/I_3 = \beta$，监督者才会选择监督。如果要使监督者选择努力监督的话，就要使他从项目成功时获得的收益大于他不选择监督时的收益。假定监督技术一样，考虑不同监督方式对最低抵押品的影响。监督活动一方面减少了借款人的有限责任租，但是另一方面又会带来监督成本。只有当监督成本的增加小于有限责任租的减少时才是值得的。在代理监督下，假定监督资本是稀缺的，其机会成本是 β，一般有 $\beta > \alpha$。如果代理监督者投入部分资本为 I_3，在项目成功时收益为 S_3，普通投资者投资为 I_2，那么借款人的最优化问题还需要满足代理监督者的激励相容约束和参与约束。分三种情况：代理监督者投入部分资本，$I_2 > 0$，$I_3 > 0$，为通常意义上的代理监督；代理监督者不投入资本，$I_2 = I$，$I_3 = 0$，为纯粹中介监督，此时代理监督者的参与约束不起作用；代理监督者投入全部资本，$I_2 = 0, I_3 = I$，代理监督变成了直接监督，此时监督者的激励相容约束不存在。

7.2　合作社内部信用合作典型模式治理与抵押品

合作社运行得好坏和对贷款的风险防控有关，风险不能过大，目前法律、部门设施等很多方面都还不成熟，为了长期发展下去，不管是合作社还是政府的相关部门，都需要通过监督来防范各种风险的发生。监督是需要付出成本的，而成本的大小以及实施监督后所能减少的抵押品的价值大小就决定了监督的效率，经过监督后，农户所需要付出的抵押品肯定会减少，本书通过对比在实施监督后各个模式下的抵押品的大小来分析它们的效率。

7.2.1　"社员股金＋合作资金"模式的治理与抵押品

河北昌黎县恒丰果蔬种植专业合作社在成立时，只有 3 个大股东，并且大股东和小股东的股份差距很大，其中的一个大股东是理事长，合作社的小股东基本没有任何话语权，大股东几乎直接决定了合作社的业务结果，基本不会经过理事会的讨论。理事长是原供销社的主任，是一个比较有能力的人，根据自己对借款社员的了解来判断该社员的信用、资产等，以及可以获得多少贷款，之后根据自己的能力来对该社员实行监督，来保证该贷款的安全。贷款的安全直接和该合作社大股东的专有性资源和大股东愿意付出的程度挂钩。这样的治理机制也决定了该合作社的风险几乎都集中于理事长手上，理事长对社员的贷后监督又在一定程度上防范了风险。

合作社也正是由于该理事长的个人能力非常突出，取得了一定的成果。但是这种模式下最明显的一个缺点就是，理事长的能力是有限的，当理事长出于个人原因不能继续任职，合作社可能会出现一定的问题；同时合作社对理事长的限制也不够，可能导致理事长控制合作社，甚至是使合作社陷入困境。优势就是节省了监督成本和贷前的相关成本。相对来说，该类型的合作社更容易成立、易操作，但是规模有限，无法更好地满足农村融资需求。

这样的治理机制是典型的"大股东模式"，采用了直接监督的方式。而围绕理事长设计的治理机制，可以直接决定一些事项的结果，又强化了直接监督这种监督形式。对于"大股东模式"，在上述基本模型基础上，加入专用性资源的投入程度 t。融资合同设计为：满足借款人有限责任和激励相容约束以及普通投资者和监督者参与约束。因为是大股东投入了大量资本，掌握了合作社的剩余控制权和剩余索取权，所以大股东负责监督，他所付出的监督成本还包括他的专有性资源，他的专有性资源的投入程度 t 会影响监督的成本和项目最终的收益。

借款人规划二：

$$\max P_1 S_1 + (1 - P_1)(-D) \tag{7.6}$$

$$\text{s. t. } P_1 S_1 + (1 - P_1)(-D) \geqslant P_2 S_1 + (1 - P_2)(-D) + F(c) \tag{7.7}$$

$$P_1 S_2 + (1 - P_1)D = 0 \tag{7.8}$$

$$P_1 S_3 - (c - t) \geqslant \beta I \tag{7.9}$$

$$S = S_1 + S_2 + S_3 \tag{7.10}$$

$$S_1 \geqslant -D \tag{7.11}$$

求解得到该模式下借款社员需付出的最低抵押品为：

$$D_2 = (F)c - F(0)/1 - f + D_1 + (\beta - \alpha)I + c - t \tag{7.12}$$

通过以上求解可以看出，引入大股东专有性资源后，更大程度地降低了农户需要提供的抵押品。由于大股东自身具有的专有性资源，使得决策效率比其他模式高出了许多，相应地减少了监督需要付出的成本。但是未对大股东进行合理的约束和监督，为了自身利益不努力发挥自己的专有性资源或者过多地使用而损害其他农户及合作社的利益。大股东不努力发挥专有性资源，使 t 减小，相应地，抵押品会增加，如果超出自己能力范围的话，导致 t 为负，也会增加抵押品。该模式下发挥优势有一定的适用条件。首先，理事长一定是当地的能人，威望高，并且有一定的关于风险防控方面的经验，便于管理合作社。其次，该类型的合作社基本都是规模比较小的，因为理事长的能力只在有限的地域范围内有效。

7.2.2　"社员股金＋银行资金"模式治理与抵押品

同组监督出现在借款人合作化的融资方式中，这里以团体贷款为例来说明。在团体贷款中，一方面借款人需要从事自己的投资项目；另一方面由于相互负有连带责任，借款人之间存在相互监督。团体贷款间的激励就是需要激励小组成员实施自己的投资项目，并且要以最低成本彼此之间相互监督，最优的融资合同必须同时满足借款人的有限责任约束、努力激励和监督激励。团体贷款会因为彼此之间的监督，降低彼此可以获得的有限责任租，进而可以减少彼此需要付出的最低抵押品。因此，在某些情况下，同组监督可能比代理监督更好，即使代理监督者有较好的监督技术和更多的监督资本。

对于湖南沅陵产业信用协会，该合作社对于社员的入社要求比较严格，同时要求上交相关资产，作为反担保。在社员申请贷款时，需要协会理事会按照"一人一票"制对该会员进行投票，会员会根据自己对贷款社员的了解来决定是否为其担保，社员间的相互担保活用了农村社会的熟人关系，有效解决了合作社、银行与社员间的信息不对称，对于防范社员的道德风险也起到了一定的作用。对通过投票的会员出具"担保函"，在该社员发生贷款风险时，协会会在其他负责担保的会员里选出比较合适的社员进行扩大生产，获得前会员的抵押物，同时承担前会员的责任。社员间相互担保的模式还解决了社员贷款后的监督问题，既然是社员间相互担保，那么社员也会积极主动地关注借款社员的行为，防止发生风险。把风险分散给了合作社的其他社员，而社员间又是互相了解的，可以有效防范风险。

这种模式下，把监督的责任相当于是交给了其他会员，虽然节省了监督成本，但是对于一些需要大笔资金的会员，会出现由于个人问题而不能获得足够贷款的情况，需要找到足够的会员来给自己出具担保函，这也比较费时费力，会影响合作社的运行效率。可以看出，该模式下适合同组监督，也就是社员间相互监督，虽然不是团体贷款的模式，但是在借款社员无法还款时，需要负责担保的社员来承担起责任，相当于是两组借款人。

通过上述分析得出，该模式是同组监督。另外，基于社员间的担保治理机制的设计又强化了同组监督的形式。借用曾庆芬（2016）论文里的关于同组监督的模型。以两个借款人 A 和 B 组成的组为例分析，假定借款人是同类型且对称的，且相互之间不受影响，相互独立。在时期 1 借款人选择监督还是不监督，时期 2 借款人选择尽责还是卸责。表 7 - 1 列出了时期 1 借款人选择监督还是不监督的博弈；表 7 - 2 列出了时期 2 借款人选择尽责还是卸责的博弈。

表 7 -1   同组借款人选择监督的博弈

项目		借款人 B	
		监督	不监督
借款人 A	监督	c, c	c, 0
	不监督	0, c	0, 0

表 7 -2   同组借款人选择努力程度的博弈

项目		借款人 B	
		尽责	卸责
借款人 A	尽责	j, j	j, 0
	卸责	0, j	0, 0

对以上博弈采用逆向归纳法进行求解：

借款人规划三：

$$\max P_1 S_1 + (1 - P_1)(-D) \tag{7.13}$$

$$jj(c,c) \geq uj(c,c) \tag{7.14}$$

$$P_1^2 S_1 + (1 - P_1^2)(-D) - c \geq P_1 P_2 S_1 + (1 - P_1 P_2)(-D) + F(c) - c \tag{7.15}$$

$$jj(c,c) \geq jj(0,c) \tag{7.16}$$

$$P_1^2 S_1 + (1 - P_1^2)(-D) - c \geq P_1 P_2 S_1 + (1 - P_1 P_2)(-D) \tag{7.17}$$

$$P_1 S - P_1^2 S_1 + (1 - P_1^2)D \geq \alpha I \tag{7.18}$$

$$S_1 \geq -D \tag{7.19}$$

求解得到该模式下借款会员需付出的最低抵押品为：

该模式的适用条件主要有两个方面：一是当地的金融环境比较好，采取的是社员间的相互担保，社员间的信任关系决定了贷款的效率以及贷款的安全性。二是该模式适合于那些大户，一般的农户不会选择产业信用协会，基本上都是直接选择合作社。

7.2.3　"供销社模式"治理与抵押品

对于黄山区的"供销社模式"，由市供销社发起设立黄山区供销集团，下属企业黄山区农副产品投资发展公司。要求各个合作社的大股东在黄山区农副产品投资发展公司入股，在保证了自己权利的同时，也参与了公司的经营管理，同时，公司出资控股合作社，也参与合作社的管理，黄山区供销社所属企业又出资控股农副产品投资发展公司。在这样的股权结构安排下，黄山区各个资金互助部的资金有了保障，同时全市的合作社由联合社统一管理，从合作社的生产到农副产品的销售，既保证了合作社的有效运行，又使合作社的规模效应比较明显，同时合作社的风险也易管理。该模式下，联合社相当于一个监督中介，其他合作社都在该联合社的统一监督下，并不需要合作社再另外付出监督成本，符合纯粹中介监督的情况，而供销社统一管理的治理机制又强化了代理监督的监督方式。结合该案例的情况和上面无监督情况下的数理模型设计出符合该模式的监督效率模型。模型设计如下所示：

借款人规划四：

$$\max P_1 S_1 + (1 - P_1)(-D) \tag{7.20}$$

$$\text{s.t. } P_1 S_1 + (1 - P_1)(-D) \geqslant P_2 S_1 + (1 - P_2)(-D) + F(c) \tag{7.21}$$

$$P_1 S_3 - c \geqslant P_2 S_3 \tag{7.22}$$

$$P_1 S_2 + (1 - P_1)D \geqslant \alpha I_2 = \alpha I \tag{7.23}$$

$$S = S_1 + S_2 + S_3 \tag{7.24}$$

$$S_1 \geqslant -D \tag{7.25}$$

$$I = I_2 + I_3 \tag{7.26}$$

求解得到该模式下借款社员需付出的最低抵押品为：

$$D_4 = [c + F(c) - F(0)]/(1 - f) + D_1$$

该模式的适用条件主要有：第一，供销社作为发起人，并且负责统一管理下辖区县的合作社，供销社有着得天独厚的实力来帮助和支持合作社的发展；第二，内部人员的风险管理能力要强，该模式下的资金来源比较杂，资金量大，不易管理，需要专业人才来防范风险。

7.2.4　"财政资金+合作股金+银行资金"模式治理与抵押品

对于安吉两山农林合作社联合社，社员在入社前都需要经过当地农商行的审查，入社较为严格，设置了借款社员的信用评级结构。同时为了更好地支持农业发展，两山合作社联合社全额出资成立了"浙江两山农业发展有限公司"，并且注册了"两山"商标。由中央财政资金构建固定风险资金池，在资金出现问题时，后续资金池由联合社、县财政、安吉农商行共同出资补足风险资金池，构建的共同承担风险、合力支持农业的合作模式，不仅解决了合作社信息不对称的问题，也解决了合作社规模难以满足农户资金需求的问题。在发生风险后，由县农商行和合作社一起负责追回资金。该案例下，合作社和农商行都投入了一定的资金，为了防止发生风险，由合作社和农商行一起负责贷款后的监督。在这样的治理机制下，银行肯定会加强对借款人的监督管理，防范风险。联合社也会采取相应的贷后措施来保证资金的安全，这符合通常意义上的代理监督。模式中治理机制的设计，银行和联合社共同补足风险资金池，又强化了代理监督的监督形式。

通过对现实案例和上面无监督情况下数理模型的整合，同时在吴烨（2015）的论文里面加入声誉的模型基础上，加入借款社员的声誉 y，作为联合社和银行对社员设置信用评级机制的反映，会在一定程度上减少借款社员需要付出的抵押品的价值。对于借款人而言，其声誉在农村是非常重要的，他会为了长远的考虑，选择不去做会使自己声誉降低的事。

借款人规划五：

$$\max P_1 S_1 + (1 - P_1)(- D - y) \tag{7.27}$$

$$\text{s. t. } P_1 S_1 + (1 - P_1)(- D - y) \geq P_2 S_1 + (1 - P_2)(- D - y) + F(c) \tag{7.28}$$

$$P_1 S_3 - c \geq P_2 S_3 \tag{7.29}$$

$$P_1 S_2 + (1 - P_1)(D - y) \geqslant \alpha I_2 \tag{7.30}$$

$$P_1 S_3 - c \geqslant \beta I_3 \tag{7.31}$$

$$S = S_1 + S_2 + S_3 \tag{7.32}$$

$$S_1 \geqslant -D - y \tag{7.33}$$

$$I = I_2 + I_3 \tag{7.34}$$

求解得到该模式下借款社员需付出的最低抵押品为：

$$D_5 = [c + F(c) - F(0)]/(1 - f) - fc\alpha/\beta(1 - f) + D_1 - y$$

由于该联合社的模式相对来说规模范围比较大，涵盖的业务范围比较广，整体运行资金庞大，基本上限定于比较发达的地区。

通过比较各个信用合作模式下的最低抵押品，比较各个合作社的监督效率，监督是为了防范合作社的信贷风险，各个合作社设置的治理机制对应了不同的风险，都需要进行一定程度的监督，来保证合作社资金的安全。各个合作社监督效率的比较如下。

在没有监督的时候，所需要的抵押品至少为：

$$D_1 = \alpha I - P_1 S + \frac{F(0)}{1 - f}$$

只要监督是有益的，纯粹代理监督有助于融资；在监督者投入资本的情况下，监督能否降低抵押品，取决于监督减少的有限责任租与监督成本的相对大小。当 $D'(c) < 0$ 时，监督的净效应将导致抵押品的增加，所以至少存在一个值 c_1，满足 $D'(c_1) = 0$，使监督的边际收益等于边际成本。

假定监督是有效的，即 $F(0) - F(c) > c$。可以直接得出 $D5 < D4 < D1$，则说明代理监督的情况下，相比没有监督时，减少了所需要的抵押品，对于农户融资要求降低了很多。在直接监督的情况下，根据监督效率模型，得出相对于不是大股东模式的直接监督的情况下，大股东的加入减少了社员需要付出的抵押品，和其他几种监督模式相比，需要看各个合作社的能人效应有多大。另外，还需要付出一定的额外成本来监督合作社的能人，防止他们做出不利于合作社的决定。同组监督模式下，可以直接得出 $D3 < D4 < D1$，说明同组监督的情况下，对于抵押品的要求减少了许多，社员更容易获得贷款。

通过上面的比较，可以看出，合作社内部信用合作典型模式都不同程度地减少了社员需要的抵押品的价值，使社员更容易获得贷款。在拥有同样多的抵押品的情况下，社员相比以前可以获得更多的贷款，社员的融资能力提高了。对于合作社而言，相当于是自身的规模会增加，为了保证贷款的安全性，仅仅是提供抵押品以及风险的分散是不够的，还需要对社员进行监督，而各个模式对应的监督形式直接决定了合作社的运行效果。治理机制不同，监督形式就不一样，合作社可以取得的绩效就不一样。本书研究的几个典型的模式对于全国合作社内部信用合作业务的发展有很大的借鉴之处。

7.3 合作社内部信用合作典型模式治理—风险—绩效的比较

本书运用合作社内部信用合作治理与风险防控理论及剩余控制权理论来剖析合作社内部信用合作的治理对风险和绩效的影响，并用监督效率模型比较分析四个典型模式的治理—风险—绩效之间的内在机理。研究表明：从外部治理看，四个典型模式中，政府都对合作社内部信用合作投入了信用背书，但是地方政府没有明确的监管部门，投入与控制不匹配，存在潜在的风险。从内部治理来看：

（1）"社员股金＋合作资金"模式是理事长责任制，理事长享有合作社大部分剩余控制权，合作社的收益大部分也会分配给理事长。由于理事长掌握了社员的各种信息，能够在一定范围内有效防范风险，所以由理事长直接监督是最有效的监督形式。根据直接监督效率模型得出，理事长拥有的专有性资源降低了原本需要的抵押品，进而合作社的规模增加。治理机制的实施效果比较突出，2017 年累计发放贷款达到 3 000 多万元。由于理事长能力只能在一定范围内发挥作用，主要针对对象是小型的没有较大贷款需求且有坚实产业基础的农户。主要存在的问题是没有对理事长进行监督和约束。

（2）"社员股金＋银行资金"模式是社员间担保互助，也就是社员间相互监督，在发生风险时，负责担保的社员承担贷款社员的责任，同时可以获得抵押品，作为监督主体的社员的剩余控制权与剩余索取权是相匹配的。由于社员间非常熟悉，彼此互相信任，设置社员互相担保的机制可以强化社员间的相互监督，保证贷款的安全性。根据同组监督效率模型得出，社员间的同组监督降低了本来需要的抵押品，进而合作社内部信用合作的发展规模增加。治理机制的实施效果明显，2017 年，累计发放贷款已经达到 2 000 多万元。由于这种模式需要多个社员间的相互担保，需要社员彼此熟悉，因此主要针对贷款需求较大的种养大户。主要存在的问题是未设置对违约社员的惩罚机制。

（3）"供销社"模式以供销社为主体监督管理其他资金互助部，供销社出资控股其他资金互助部，掌握了资金互助部的大部分剩余控制权；另外，合作社理事长个人参股供销社，双向参股可以保证彼此互相牵制。合作社相当于一个信息平台，供销社作为投资平台，由于供销社掌握了社员生产销售信息，可以有效地防控风险，是纯粹代理监督的形式。根据代理监督效率模型得出，供销社通过对社员生产销售的信息掌控降低社员本来需要的抵押品，进而合作社内部信用合作的规模增加。治理机制实施效果比较好，2017 年，累计发放贷款已经达到 14 亿元。由于供销社对农户的生产信息掌控较好，可以有效防范风险，适合大部分农户。

（4）"财政资金 + 合作股金 + 银行资金"模式是联合社和银行共同监督管理其他合作社，把中央财政资金作为联合社内部信用合作的风险资金池，发生违约后先由风险资金池支付，之后联合社和银行共同补齐资金池；追回的资金则先补足银行付出的资金。联合社和银行共同掌握剩余控制权，联合社贷前对社员进行信用评级，银行在贷后对社员进行监督管理；县财政会给予联合社担保额度一定的补贴，给予银行贷款额度一定的贴息，来保证联合社和银行的剩余索取权，是传统意义上的代理监督。根据代理监督效率模型得出，在银行和联合社共同监督管理下，抵押品相比较只有供销社监督时又进一步地减少，合作社的运行规模增加。治理机制运行效果比较好，在 2017 年，累计发放贷款已经达到 8 亿元。由于这种模式涵盖的其他服务较多，整体运行规模较大，需要庞大的资金，适合比较发达的地区（见表 7 - 3）。

表 7 - 3　　　　　合作社内部信用合作治理—风险—绩效对比

合作社内部信用合作模式	"社员股金 + 合作资金"模式	"社员股金 + 银行资金"模式	供销社模式	"财政资金 + 合作股金 + 银行资金"模式
典型案例	恒丰果蔬种植专业合作社	湖南沅陵县产业信用协会	黄山供销集团	浙江安吉两山农林合作社联合社

续表

合作社内部信用合作模式	"社员股金+合作资金"模式	"社员股金+银行资金"模式	供销社模式	"财政资金+合作股金+银行资金"模式
注册资金	500万元	不到100万元	8 000万元	(1 000万+2 000万)3 000万元
累计发放贷款	3 000多万元	2 000多万元	14亿元	8亿元
覆盖人群	小型农户	种养大户	大部分农户	发达地区
治理机制	①由理事长直接决定业务的结果,享有大部分剩余控制权;②理事长作为村里的能人,对农村社会关系非常熟悉,可以防范社员道德风险;③社员都是小规模的农业生产者,直接监督可以节省成本,同时能够在一定范围内很好地防范风险	①协会出于彼此间的信任而设立,活用农村社会关系;②由于农村抵押品有限,基于社员间相互担保,担保社员为了自身利益会选择监督;③社员都是种养大户,利益较大,彼此之间是紧密相连的,同组监督既可以节省成本,又可以防范风险	①供销社作为发起人,直接管理合作社;②合作社并不需要付出,只需要在供销社的统一管理下,风险较小;③由于是供销社统一监督管理,几乎没有风险,社员有闲余资金基本都会选择加入,是纯粹的代理监督	①设有固定的风险资金池,银行和联合社都出资金保证风险资金池的充足;②社员需求多且不同,各种各样的创新型贷款产品,只能由联合社统一管理;③银行虽然会进行信用评级,但是由于双方信息不对称,还需进行贷后的监督,是通常意义上的代理监督
监督效率(抵押品)	直接监督	相互监督	代理监督	代理监督
适用条件	①规模比较小;②由村里的能人负责发起设立	①当地金融环境好;②适合种养大户	①供销社作为发起人直接监督管理;②内部人员风险管理能力好	限于比较发达的地区

资料来源:根据本书的研究整理所得。

　　通过上面四种典型模式监督效率的分析,得出各个模式比没有监督的时候都提高了效益,监督使农户需要付出的抵押品减少,也就是成本减少了,合作社以及社员的收益都提高了,治理机制的设计又强化了对应的监督方式。在设置治理机制的时候,要求社员提供抵押品,仅仅是信用合作,治理机制的效果没有那么好,加入抵押品机制后,可以有效解决借贷双方的信息不对称和社员的道德风险，同时合作社还会相应地投入监督，保证贷款的安全性。监督机制基于社员之间的信任，活用了农村社会关系，让社员间相互监督能更好地防范风险，既节省了监督的成本，又保证了贷款的安全性。正是这种监督机制的存在，使得合作社资金方面的风险减少了，更有利于治理机制的实施。

　　本书根据各个典型模式下具体的治理机制的设计情形，利用监督效率模型来判断各个模式的运行效果。由于地方政府的监管难以引入，模型的设计只包含了合作社内部的治理机制，可以在一定程度上衡量治理的效果。治理机制的设计直接决定了合作社的实际运行效果，合作社内部信用合作风险的防范需要内部外的协同治理，另外，治理机制发挥作用需要满足一定的条件，如理事长是农村能人、设置风险分担机制等。

第 8 章

结论、政策建议与展望

8.1 研究结论

日本和韩国的信用合作模式被公认为是亚洲农村信用合作成功案例的典范。那么，其信用合作是如何通过内外部治理机制的设计防控风险并实现可持续发展的？其背后隐藏的深层次逻辑原理又是什么？我国历史上信用合作实践探索的经验教训是什么？我国当前合作社内部信用合作的治理是否能实现风险防控？不同模式合作社内部信用合作治理—风险—绩效的内在机理是什么？

首先，本书运用经典的剩余控制权理论，分析日本农协和韩国农协内部信用合作风险防控的治理机制设计。研究表明：日本农协和韩国农协内部开展信用合作成功的原因在于，政府层面建立相应的保障支持体系和监管体系实现了投入与控制的相匹配，基层农协信用合作通过社员的资格认定及管理、总会民主治理等完善具体的治理设计有效实施剩余控制权，并通过相匹配的社员剩余索取权分配，实现了信用合作的有效运作。而我国开展的信用合作，外部政府和内部成员的投入与其剩余控制权、索取权获取不匹配，且治理设计未能保障剩余控制权、索取权的有效实施。

其次，本书运用合作社内部信用合作治理与风险防控理论及剩余控制权理论来剖析合作社内部信用合作的治理机制，并用监督效率模型比较分析四个典型模式的治理—风险—绩效之间的内在机理。研究表明：从外部治理看，四个典型模式中，政府都对合作社内部信用合作投入了信用背书，但是地方政府没有明确的监管部门，投入与控制相匹配，存在潜在的风险。从内部治理来看：

（1）"社员股金＋合作资金"模式是理事长责任制，理事长享有合作社大部分剩余控制权，合作社的收益大部分也会分配给理事长。由于理事长掌握了社员的各种信息，能够在一定范围内有效防范风险，所以由理事长直接监督是最有效的监督形式。根据直接监督效率模型得出，理事长拥有的专有性资源降低了原本需要的抵押品，进而合作社的规模增加。治理机制的实施效果比较突出，2017年累计发放贷款达到3 000多万元。由于理事长能力只能在一定范围内发挥作用，主要针对对象是小型的没有较大贷款需求且有坚实产业基础的农户。主要存在的问题是没有对理事长进行监督和约束。

（2）"社员股金＋银行资金"模式是社员间担保互助，也就是社员间相互监督，在发生风险时，负责担保的社员承担贷款社员的责任，同时可以获得抵押品，作为监督主体的社员的剩余控制权与剩余索取权是相匹配的。由于社员间非常熟悉，彼此互相信任，设置社员互相担保的机制可以强化社员间的相互监督，保证贷款的安全性。根据同组监督效率模型得出，社员间的同组监督降低了原来需要的抵押品，进而合作社内部信用合作的发展规模增加。治理机制的实施效果明显，2017年，累计发放贷款已经达到2 000多万元。由于这种模式需要多个社员间的相互担保，还需要社员彼此熟悉，因此主要针对贷款需求较大的种养大户。主要存在的问题是未设置对违约社员的惩罚机制。

（3）"供销社"模式以供销社为主体监督管理其他资金互助部，供销社出资控股其他资金互助部，掌握了资金互助部的大部分剩余控制权。另外，合作社理事长个人参股供销社，双向参股可以保证彼此互相牵制。资金互助部相当于一个信息平台，供销社作为投资平台，由于供销社掌握了社员生产销售信息，可以有效地防控风险，是纯粹代理监督的形式。根据代理监督效率模型得出，供销社通过对社员生产销售的信息掌控降低社员原本需要的抵押品，进而供销社内部资金互助的规模增加。治理机制实施效果比较好，2017年，累计发放贷款已经达到14亿元。由于供销社对农户的生产信息掌控较好，可以有效防范风险，适合大部分农户。

（4）"财政资金＋合作股金＋银行资金"模式是联合社和银行共同监督管理其他合作社，把中央财政资金作为联合社内部信用合作的风险资金池，发生违约后先由风险资金池支付，之后联合社和银行共同补齐资金池；追回的资金则先补足银行付出的资金。联合社和银行共同掌握剩余控制权，联合社贷前对社员进行信用评级，银行在贷后对社员进行监督管理；县财政会给予联合社担保额度一定的补贴，给予银行贷款额度一定的贴息，来保证联合社和银行的剩余索取权，是传统意义上的代理监督。根据代理监督效率模型得出，在银行和联合社共同监督管理下，抵押品比只有供销社监督时又进一步的减少，合作社的运行规模增加。治理机制运行效果比较好，在2017年，累计发放贷款已经达到8亿元。由于这种模式涵盖的其他服务较多，整体运行规模较大，需要庞大的资金，适合比较发达的地区。

（5）合作社内部信用合作四种典型模式治理—风险—绩效的逻辑：

第一，合作社基本都是按照"入社即入股"的原则来设计治理机制。对于股份的分配是一个比较重大的问题，本书研究的典型模式中主要有两种比较好的股权分配方式：一是股权相对比较分散，并且大多数股份之间的差距不大，不会出现大股东控制的现象，是一种更加民主的分配方式。二是股权比较集中，但是大股东比较多，相对来说比较平衡，这也是一种比较民主的分配方式，在这样的机制下，各个大股东之间相互牵制，防范风险。也就是说，尽量使股份的分配比较合理，不让某一个人的股份过多，也不能让某些社员的股份太少。

第二，合作社都设置了相应的风险共担机制。资金的安全性直接决定了合作社能否持续发展下去，需要把风险分散给其他社员或者外部金融机构，不能把风险集中于借款社员和合作社自身。风险可以分散给一个社员，也可以分散给多个社员，不同的分配方式对应着不同的治理机制。在设置治理机制的过程中，需要注意的是风险和收益是相匹配的，不能只承担风险而不享受收益。社员加入合作社的目的之一就是为了获得一定的收益，同时解决资金上的困难。

第三，合作社都设置了一定的抵押机制。在合作社开展内部信用合作，对于解决农户的融资问题有一定的帮助，但是合作社的风险难以防控，需要加入合理的抵押担保机制来防范合作社的风险。抵押机制的设计可以适当地扩大农村抵押物的范围，既降低了社员使用资金的成本，又防范了社员的道德风险。

第四，需要产业支撑。合作社的社员在获得贷款的时候，都会要求社员的贷款用途限于农业生产，这样设置是为了防止社员拿着钱去做其他不相关的业务，很大的可能是风险比较高的一些业务，贷款很有可能就收不回来。有了产业的支撑，双方信息相对来说是对称的，社员发生道德风险的概率不高。另外，坚实的产业基础使合作社的社员还款有了保障，更加有利于合作社的发展。

第五，统一的管理方式有助于发挥规模效应。针对有些联合社的发展模式，把多个合作社集中在一起发展，一是便于管理，合作社在联合社的统一管理下，基本不会发生风险，有助于合作社的发展。二是有助于规模效应的发挥，单个合作社的规模、资源等毕竟是有限的，一些合作社的社员需求不能得到满足，在多家合作社一起抱团发展后，可以实现农村资源的有效利用。

第六，高金融素质的内部人员有助于防范风险。合作社内部工作人员的金融素质都不怎么强，对于风险的防范也不是很了解，在发展过程中，规模过大时，容易出现操作上的风险，需要招聘具有高金融素质的人才。同时，定期培训社员的风险防控意识，增强社员的风险防控能力，有助于提升合作社的整体实力，更好地防范风险。

第七，对农村的软信息进行合理的信用评定。农村金融还处于发展阶段，把信息整合起来，形成一定的有效信息加以利用。有的合作社引入银行的信用评级机制，结合农村的实际情况，把农村的特有信息涵盖进来，用来对社员进行信用评级，在一定程度上可以防范社员的道德风险。

8.2　政策建议一：政府的投入与控制权相匹配

为了保证政府的投入与控制权相匹配，地方政府应明确监管主体，用法律保障替代态度支持，将合作社作为政府政策传导的重要抓手以及建立内部审计监察制度。具体的措施如下：

（1）地方政府应明确监管主体。基于剩余控制权理论，结合对东亚、我国历史实践及供销社内部信用合作治理结果的对比分析，治理安排设计遵循投入与剩余控制权、索取权匹配及有效实施是保证其可持续健康发展的内在逻辑，只有让参与信用合作组织的成员及政府在投入与风险承担的过程中，获取合理对等的回报和风险补偿，才能够实现组织的长久发展。因此，外部的政府应在法律制度保障、政策资金支持、风险防控体系的建立方面加强投入，同时在法规约束、监管主体的专业化监管、政策抓手方面获取有效的控制和投入回报。而内部的参与成员应当在出资入股、发挥自身才能、学识及信息资源优势、风险承担方面进行投入，同时积极参与民主管理、加强内部监管、合理进行盈余分配方面获取相应的补偿回报。在遵循该理论逻辑原理的基础上，进行治理设计，"标本兼治"，实现合作社内部信用合作的可持续发展。

（2）用硬性法律保障替代软性态度支持。通过前面对我国信用合作历史实践发展的回顾，对比日本和韩国的信用合作事业的治理过程，顶层设计拥有根本性的法律制度保驾护航，是其内部成员及外部政府能够有效获取组织剩余控制权的重要原因之一。在我国农信社恢复"三性"时期，虽然国家层面做出了多次的会议内容强调，但自始至终均未有一部专门性的根本性法律颁布出台，软性态度的认可在遇到实际问题的过程中明显无效解决。目前我国合作社系统内开展的信用合作，主要坚持的是"谁审批、谁监管、谁负责"的原则，虽然目的是遵循权责对等的逻辑原则，但实际过程中，由于没有具体明确的法律依据以及监督管理的有效激励，各地监管程度不一，监管主体部门不一，类似于民政部门、农业部门为监管主体的管理模式，对于涉及信用合作这一领域明显缺乏相关管理经验，监管主体又习惯沿用商业银行的监管思路对合作社信用合作组织进行监督管理。

建议我国加紧出台类似于"合作金融法"等法律文件，从法律保障层面给社员参与者及各地方政府吃下"定心丸"，对农村信用合作组织的建立、业务活动范围、监管主体部门、处罚措施依据、退出管理等方面做出具体的规范和引导。加紧对我国合作社内部信用合作的支持和投入工作的进行，做到合作社内部信用合作组织的建立、退出、经营活动"有法可依"；监管主体部门可选择有一定新型金融机构组织管理经验的地方金融监管局作为监管主体，或在农业部门设立专门的农村信用合作办公室，进行专业化的监督管理。目前我国合作社内部信用合作的发展迫切需要通过硬性法律的保障和约束替代软性的态度认可支持，有效获取实施内外部剩余控制权。

（3）将农民合作社作为政府政策传导的重要抓手。政府部门应当重视合作社在当前乡村振兴战略中的重要地位和作用，加强与合作社的联动协调和配合，在具备发展条件的地区将农民合作社系统内的社有企业进行资源整合，真正发挥出"生产、供销、信用"三位一体服务模式的制度体系优势；建议国家层面加紧对农村地区土地、生产经营设备等内容的可流转、可抵押体系制度的建设，改善农民、农户信用薄弱情况，夯实我国农村信用合作的发展基础；各省市区已建立起的农村信用担保公司应该进一步向下延伸，在具备条件的地区扩宽信用担保的覆盖业务和对象，联合合作社系统形成合作合力。政府应充分发挥政府的信用背书作用，在其发展初期信用薄弱的情况下，提供资金支持；逐步建立起省级乃至国家级的信贷担保基金等风险防控制度，改善目前零散、薄弱的自发性风险防控制度，加强合作社信用合作组织的风险抵御能力。同时，外部政府应当进一步明确监管主体部门及职责，以获取外部剩余控制权。

政府应进一步发挥政府的信用背书和财政支持作用，牵头建立农村合作金融发展基金、风险基金、农业生产灾害等制度体系，做好合作社信用合作发展外部投入主体的坚实后盾；政府对农村地区的财政补贴、新能源建设项目等政策应积极通过与合作社系统合作实现，一方面，可以使合作社分担政府的部分职能、工作，节省人力、物力等资源成本。同时，将政策直接与农村、农业产业相结合，增强政策落地效果。另一方面，也可以在农村、农民中树立起合作社的品牌形象，加强对合作社及社有企业的建设发展，重新擦亮合作社这块"金字招牌"，使其成为外部政府进行投入与剩余控制权、索取权获取过程中的重要途径。此外，应注意避免政府外部过度干预，使其变相沦为政府控制的"基层机构"，偏离农民互助合作性质的初衷和原则。

（4）建立内部审计监察制度。合作社系统内应加强对内部建立信用合作组织的监察管理，从总社、省级合作社到市县级合作社建立起专门的信用合作审计、检查制度，对系统内开展的信用合作组织在财务会计的核算、审计等方面出台范本指导；建立起呆账、坏账、风险拨备金制度，加强信用合作组织的风险抵御能力，并在系统内设立专门的"信用合作部"，对系统内开展的内部信用合作组织进行监察指导，强化合作社系统内部自我约束与监督，保障社员内部剩余控制权、索取权有效获取及实施。另外，合作社内部应进一步加紧对系统内资源的整合，避免各部门和所属产业发生"各自为营"的情况，内部建立起相应的协调运作机制、信息沟通和信息资源共享机制，定期开展合作社内部信用合作组织同其他合作社、社有企业的会议交流，发挥系统内社有企业、各类专业合作社的信息资源优势，发挥出"生产、供销、信用"三位一体的制度优势。

因此政府在出台合作社内部开展信用合作的相关文件时，一方面，要重视对试点工作开展的地区和合作社发展信用合作组织的条件能力情况，对当地近几年运行情况良好、拥有资产资金规模实力、有日常实质性经营往来业务的合作社，在参与者自愿成立加入的基础上，依据其资产资金规模、经营业务的实际需要，分层次划分信用合作组织的资本规模、贷款限额、用途、成员出资比例等内容，依据不同的考核标准提出不同的限额要求，细分信用合作的业务管理制度。另一方面，要区分好合作社内部信用合作组织的发展阶段，在其发展初期适当加紧对其出资额、贷款额、资金流向范围等限制，而后依据其信贷业务记录、账目流水、经营发展的实际情况再逐步提高，分阶段适当加宽限制。"以质取胜"代替"以量为王"，该做法也是对政府财政资源及参与社员投入的合理利用和分配，避免合作社内部开展信用合作内部成员和外部政府的无效投入。

8.3 政策建议二：合作社内部信用合作剩余控制权与剩余索取权相匹配

为了保证合作社内部信用合作剩余控制权与剩余索取权相匹配，要加强对合作社内部信用合作掌握剩余控制权主体的监管和激励，允许合作社自主、分层次、分阶段、差别化发展信用合作以及完善合作社内部信用合作风险防控措施。具体的措施如下：

（1）加强对信用合作内部掌握剩余控制权主体的监管和激励。合作社内部信用合作掌握剩余控制权的主体，实施了信用合作风险的监督，为了保证合作社持续发展，需要加强对其监管与激励。"社员股金＋合作资金"模式是理事长责任制，理事长拥有的专有性资源降低了原本需要的抵押品，理事长享有合作社大部分剩余控制权。合作社的日常工作事宜几乎都由理事长决定，风险集中于理事长一个人，比如监事会可以不定期抽查理事长之前的决定事项，如果出现风险，可以降低理事长的决策权或者是收益等，防止出现内部人控制。"社员股金＋银行资金"模式是社员间担保互助，作为监督主体的社员掌握了剩余控制权，因此，应强化对违约社员的惩罚措施，并进一步完善抵押品机制。"供销社"模式以供销社为主体监督管理其他合作社，供销社出资控股其他合作社，掌握了合作社的大部分剩余控制权；合作社理事长个人参股供销社，双向参股可以保证彼此互相牵制。供销社掌握了社员生产销售信息，可以有效防控风险，和P2P模式比较类似。因此，对作为投资平台的供销社模式的监管，可以借鉴P2P平台的合规政策。"财政资金＋合作股金＋银行资金"模式是联合社和银行共同掌握剩余控制权，联合社贷前对社员进行信用评级，银行在贷后对社员进行监督管理，因此，应强化联合社和银行的利益联结和激励约束机制。

（2）允许合作社自主、分层次、分阶段、差别化发展信用合作。我国合作社内部信用合作正处于探索发展阶段，合作社内部信用合作受外部环境及自身条件影响，各地方发展情况也各不相同，如浙江省发展的"农合联"，在外部政府的投入与支持下，取得了明显的绩效。但在部分"空壳社"等问题较多，或不具备发展合作社内部信用合作的地区，带有半强制行政干预色彩建立起的合作社内部组织发展情况并不理想。山东省作为全省试点农村信用合作组织的全国"领头羊"，201家无实质性业务活动的空壳信用合作组织就是一个盲目追求试点工作量的典型教训，在合作社内部不具备发展信用合作的条件、外部政府不具备相应的监督管理能力的地区，强行进行试点工作，外部政府不能够有效获取其组织的外部剩余控制权、索取权，导致其治理无效。

合作社内部信用合作是在合作社内部运行的一项业务，建议在符合一般法律规定的基础前提下，合作社可以根据社员的需求灵活发展，自主监管。对于规模比较大的合作社开展信用合作，需要明确监管主体，由地方政府制定管理细则，对该类型的合作社进行监督管理，保证其持续健康发展。建议由金融监管部门与合作社管理部门，按照金融市场的监管模式，同时结合合作社的自身特点和各地的特色，联合制定内部信用合作的具体运行规范，涵盖资金筹集及使用、风险防控等方面。

（3）完善合作社内部信用合作风险防控措施。鼓励地方政府建立风险保障基金和发展农业保险，防范合作社内部信用合作的风险。政府采取措施帮助合作社引进或者培养风险防范方面的专业人才，帮助合作社防范风险。完善抵押品机制，作为防范风险的一种手段，抵押品机制很好地解决了融资难题，在一定程度上也可以防范社员的道德风险。但是对于抵押品的产权、变现、交易等相关方面还没有设置比较好的治理机制，需要进一步的完善抵押品机制，更好地为合作社开展内部信用合作业务服务（见图 8 – 1）。

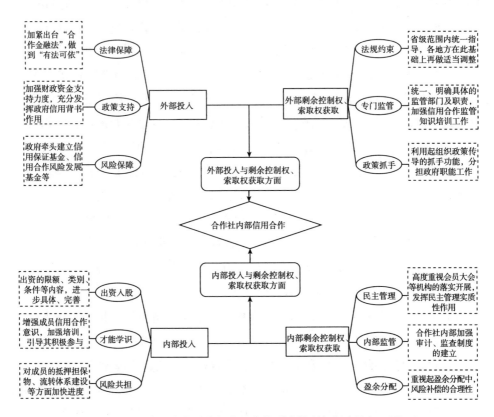

图 8 – 1 农民合作社内部信用合作剩余控制权与索取权匹配

资料来源：根据相关理论及本书的研究整理所得。

8.4 合作金融的发展趋势

在对我国农村合作金融发展滞后的深层次原因进行分析的基础上，提出了供销社合作社主导的农业"供销、生产、信用"综合合作是未来发展的重要方向。

（1）农村合作金融发展滞后的深层次原因分析。依托农民合作社、供销合作社、村集体经济组织等合作经济组织内部的信用合作交易成本低，贷款利率低，本应得到地方政府的大力扶持，但是现实情况是商业金融得到了政府的各种扶持，而信用合作几乎没有发展起来，虽然在一些村合作金融得到了很好的发展，但是通过对比发现，这些村本身资源禀赋很好，当地有德才兼备的能人及外部因素的大力支持。商业金融开展农村贷款业务时，借助于司法征信基础设施及农村的第三方资源进行风控，模式成熟，而且金融机构风险自担。而同样面临着贷款风险的信用合作，需要全周期的内部或外部监管体系，否则，1990 年底农村合作基金会风险的再次发生是监管部门和地方政府所不愿意看到的。合作社内部的信用合作组织众多，监管部门有限的人力物力是难以支撑如此大规模的监管，出于控制成本以及相关服务市场可得性不足等方面的考虑，无法通过市场化途径来获得这个监管体系，不得不依赖合作组织。故而，与商业金融可借助司法征信基础设施进行风控的情况不同，信用合作是建立在合作组织基础之上，其风控高度依赖合作组织自身，信用合作与信用合作组织往往是一体化或准一体化的关系。在这当中，合作组织在部分替代着金融基础设施的功能。信用合作要想有好的发展，合作经济组织必须要普遍建立并有效运行（王剑锋，2020）。所以，依赖外部的合作组织来实施监管是一个重要的途径。但是，我国当前农村合作组织的发展明显滞后，合作组织的建设和发展主要面临以下障碍（王剑锋，2020）：

第一，自实施家庭联产承包责任制以来，尽管我们在不同阶段以多种方式强调过合作或集体经济的重要性，但总体上，对"分"强调的多了一些，在相当长的时期内，单干和分户的意识居于主导地位。第二，在以"超小农"为主的集体经济资格权特征情况下，户数过多以及人地分离等问题，客观上增加了合作组织建立和运行的成本。第三，农村税费改革乃至征地拆迁过程中曾经出现过的一些问题，也使村集体组织在不少地方无法获得村民的充分信任，在一定程度上制约了他们出面牵头建立或完善合作组织的能力。第四，在实践中，农民自发性合作组织的建立过程与当下的农村社会治理机制，还面临着如何有机融合的问题。以上问题的解决过程很可能是长期性的，这也意味着，信用合作体系的建立和完善也将是一个长期过程。

（2）未来发展方向。未来，农村金融的结构究竟会如何变化，还要看各要素的发展情况及相关领域的改革力度。但无论如何，加强基层党建，提高村民自治水平，合理引进社会服务机构助力各类合作平台建设，更充分地发挥供销合作体系的全网优势，营造有利于通过市场自发的方式推进合作金融发展的营商环境和交易环境。因此，供销社合作社主导的农业"供销、生产、信用"

综合合作是未来发展的重要方向。

2017 年中共中央、国务院《关于深入推进农村供给侧结构性改革　加快培育农业农村发展新动能的若干意见》提出，要积极发展适度规模经营，加强农民合作社规范化建设，积极发展"生产、供销、信用""三位一体"综合合作。2018 年《关于实施乡村振兴战略的意见》指出，要构建农村一二三产业融合发展体系，通过保底分红、股份合作、利润返还等形式，让农民合理分享全产业链增值收益。2019 年《关于坚持农业农村优先发展　做好"三农"工作的若干意见》指出，要支持供销、邮政、农业服务公司、农民合作社等开展农技推广、土地托管、代耕代种、统防统治、烘干收储等农业生产性服务。作为综合合作的延伸，重庆、贵州、浙江等地提出了"三位一体"综合合作融合的发展思路，以农民合作社、供销合作社、信用社（银行等金融机构）深度融合的方式，形成为农服务的合力。供销合作社开展"三位一体"综合合作研究，对我国农业经营体制改革和提高农业经济效率具有路径指导参考价值，对"三位一体"综合合作如何在农业产业链上融合发展，具有非常重要的实践指导价值。为政府制定"三位一体"综合合作相关的政策措施提供参考和建议。通过对供销合作社、信用合作社（银行等金融机构）和农民专业社在农业产业链上共生性的研究，对我国传统农业产业链整合、农产品价值链增值以及构建新型农业生产与经营服务体系都具有一定的应用价值。

未来可以基于共生理论，分析供销合作社开展"三位一体"综合合作的机理，为我国农民合作经济组织间合作发展提供了一个崭新的研究视角，进一步拓展了共生理论的应用领域，为当前我国"三位一体"综合合作的顶层设计提供一个方向上的理论指导，为新时期具有中国特色的社会主义合作经济组织体系建设提供了一个系统的解释框架。供销合作社开展"三位一体"综合合作研究，也是对习近平"三农"思想的有益探索和尝试。"三位一体"综合合作作为习近平"三农"思想的重要组成部分，是对农业专业合作的欧美模式与农业综合合作的日韩模式的取长补短，是一种制度意义上的实践创新。对供销合作社开展"三位一体"综合合作进行理论分析，使"三位一体"实践具有了产业层面的理论基础，也将进一步丰富我国农村一二三产业融合理论和农业供给侧结构性改革理论。

附录 1

山东省地方金融监督管理局关于印发《山东省农民专业合作社信用互助业务试点管理办法》的通知

各市地方金融监督管理局：

为推动新型农村合作金融试点工作规范健康发展，山东省地方金融监督管理局制定了《山东省农民专业合作社信用互助业务试点管理办法》，现印发给你们，请遵照执行。

山东省地方金融监督管理局

2019 年 6 月 4 日

山东省农民专业合作社信用互助业务试点管理办法

第一章　总则

第一条　为加强对农民专业合作社信用互助业务试点（以下简称"信用互助业务试点"）的监督管理，规范农民专业合作社资金融通行为，支持农民专业合作社和农业、农村经济发展，推动山东乡村振兴战略实施，根据《中华人民共和国农民专业合作社法》《山东省地方金融条例》和国家有关金融法规政策，制定本办法。

第二条　本办法所称农民专业合作社信用互助业务，是指在符合条件的农民专业合作社内部，经依法取得试点资格，以服务合作社生产流通为目的，由本社社员相互之间进行互助性信用合作的行为。

第三条　农民专业合作社信用互助业务试点坚持服务"三农"，着眼解决农业农村"小额、分散"的资金需求；坚持社员制、封闭性、民主管理原则，不吸储放贷，不支付固定回报，不对外投资，不以营利为目的；坚持社员自愿，互助合作，风险自担；坚持立足农村社区，社员管理，民主决策，公开透明；坚持独立核算，规范运营，遵纪守法，诚实守信。

第四条 信用互助业务试点实施属地管理。各县（市、区）政府是本辖区试点工作组织推动、监督管理和风险处置的第一责任人，有义务及时识别、预警和化解风险。省和设区市、县（市、区）地方金融监管部门是本辖区信用互助业务试点的监督管理部门。县（市、区）地方金融监管部门具体负责信用互助业务试点资格的认定、退出、日常监管和风险防范，以及相关管理政策的制定，并负责向同级政府及上级地方金融监管部门报告工作。

第二章 资格认定

第五条 信用互助业务试点实行资格认定管理。自愿开展信用互助业务试点的农民专业合作社，应当向县（市、区）地方金融监管部门提出书面申请，取得"农民专业合作社信用互助业务资格认定书"（以下简称"资格认定书"），并到市场监督管理部门办理变更登记后，方可开展试点。

农民专业合作社信用互助业务资格认定书由省地方金融监管局统一印制，应载明合作社名称、互助资金限额、互助地域范围、互助社员人数、经办地址等事项，并加盖所在县（市、区）地方金融监管部门公章。在试点过程中，涉及资格认定书内容变更的，应向县（市、区）地方金融监管部门提出书面申请，经同意后交回资格认定书并发放新的资格认定书。

第六条 农民专业合作社开展信用互助业务试点的地域范围，原则上不得超出其注册地所在乡（镇），确有需要的经县（市、区）地方金融监管部门同意可适当扩大范围至相邻乡（镇），但不得超出注册地所在县（市、区）。

第七条 申请开展信用互助业务试点的农民专业合作社，应当具备下列条件：

（一）已经依法办理工商注册登记手续，且具有法人资格；

（二）固定资产在 50 万元以上；

（三）理事、监事、高级管理人员应当具备履行职责所需的专业能力和良好诚信记录；

（四）有健全的业务操作规范和内部控制、风险管理制度；

（五）法律、行政法规规定的其他条件。

第八条　申请开展信用互助业务试点的农民专业合作社，参与信用互助业务试点的社员应当作出书面承诺，自愿承担农民专业合作社信用互助业务试点风险，并签名盖章予以确认。

第九条　申请开展信用互助业务试点的农民专业合作社，应当单独设立信用互助业务部，并配备具备相应从业能力的部门经理和财务人员。

第十条　农民专业合作社申请开展信用互助业务试点，应当向所在县（市、区）地方金融监管部门提出申请，并提交以下材料：

（一）农民专业合作社营业执照；

（二）农民专业合作社近一个年度的财务报表；

（三）理事、监事以及信用互助业务部经理和财务人员简历、有效身份证件、个人信用记录；

（四）经社员大会同意修改，并签名、盖章的章程；

（五）农民专业合作社社员大会同意开展信用互助业务试点的决议以及合作社自愿承担农民专业合作社信用互助业务试点风险的承诺书；

（六）参与试点的社员名单及有关社员身份证明材料；

（七）参与试点社员出具的自愿承担风险的书面承诺；

（八）县（市、区）农民专业合作社业务主管部门出具的意见书。

第十一条　县（市、区）地方金融监管部门受理农民专业合作社申请开展信用互助业务试点的材料后，应当及时予以审核。对符合本办法规定的，应当出具资格认定书。

第十二条　开展信用互助业务试点的农民专业合作社有下列变更事项之一的，在市场监督管理部门变更登记后，应当向县（市、区）地方金融监管部门报告。

（一）变更名称或住所；

（二）变更试点社员；

（三）修改章程；

（四）更换理事长、监事长；

（五）监管部门规定的其他变更事项。

第三章　社员管理

第十三条　农民专业合作社开展信用互助业务试点，只能向符合以下条件的社员吸收或发放资金：

（一）社员加入农民专业合作社 1 年以上；

（二）自然人社员的户口所在地或经常居住地、法人社员的注册地或主要经营场所，原则上应当在农民专业合作社所在行政村或乡（镇）；

（三）法人社员的主要生产经营活动与农民专业合作社业务直接相关，且近 2 年连续盈利；

（四）章程规定的其他条件。

第十四条　参与试点的农民专业合作社社员入社时间原则上以社员在市场监督管理部门备案时间为依据。对于未在市场监督管理部门备案，但与合作社之间存在与主业相关的经济往来且时间超过一年以上的社员，能够提供其与农民专业合作社发生一年以上经济往来的有关凭据，并经农民专业合作社理事及 10 名以上已参与试点社员（如未满 10 个，则需全部签署）共同签字同意的，县级监管部门可根据上述材料确认社员入社时间。

第十五条　开展信用互助业务试点的农民专业合作社应当置备参与试点社员名册，并报送县（市、区）地方金融监管部门。参与试点社员发生变更的，应当自变更之日起 30 日内，将法定代表人签署的参与试点社员名册报送监管部门并同时提交相关资格证明。

第十六条　开展信用互助业务试点的农民专业合作社应当为参与信用互助业务试点的社员设立专门台账并允许社员查阅，台账应载明以下事项：

（一）社员的姓名、身份证号码、家庭住址；

（二）社员存放资金额、存放日期；

（三）社员借用资金额、借出日期。

第四章　运营规则

第十七条　农民专业合作社开展信用互助业务试点的互助资金限额原则上不得超过 500 万元，确有需要的可适当扩大规模，但不得超过 1000 万元。互助资金限额是指试点合作社在任何时点借出的互助资金余额之和的金额上限。

互助资金来源包括符合条件的社员自愿承诺出借的资金和农民专业合作社自有资金等可用于互助的资金，其中货币股金、资本公积、盈余公积、未分配盈余、专项基金等，需经社员大会同意后方可用于信用互助业务试点。

第十八条　法人社员出资额不得超过互助资金限额的 20%。自然人社员出资额原则上不超过所在县（市、区）上一年度农民人均纯收入的 5 倍，最高不得超过 10 万元。

第十九条　开展信用互助业务试点的农民专业合作社应当本着以需定缴的原则归集互助金，以实缴方式提前归集的资金余额不得超过互助资金限额的 20%。

第二十条　开展信用互助业务试点的农民专业合作社对单一社员发放互助金不得超过互助资金限额的 10%，且使用互助金占比超过 5% 以上的社员，其使用互助金的余额合计不得超过互助资金限额的 40%。

第二十一条　信用互助业务试点的资金用途，主要用于支持生产经营的流动性资金需求，期限一般不超过 1 年；在满足社员生产经营流动性资金需求的前提下，合作社可将互助金用于满足社员购买电器、修缮房屋、子女教育等消费类资金需求，但使用互助金用于消费类的余额总计不得超过互助资金限额的 20%。

第二十二条　开展信用互助业务试点的农民专业合作社应当建立健全资金使用决策机制，成立由管理人员和社员代表组成的资金使用评议小组，根据社员信用状况、生产经营情况等确定其资金使用额度和使用费率。

开展信用互助业务试点的农民专业合作社应当制定资金发放前审查、发放时审批、发放后检查等审查程序和操作规程，健全内部控制机制，规范从业人员岗位职责，增强社员风险意识，有效控制风险。

第二十三条　参与信用互助业务试点的农民专业合作社社员使用互助金，可采取信用借款和社员担保、联保方式，也可采取用农村土地承包经营权、农村居民房屋权和林权抵押等方式。

第二十四条　开展信用互助业务试点的农民专业合作社应当依照有关规定，建立健全与信用互助业务试点相适应的财务、会计制度，遵循审慎的会计原则，使用统一制式的信用互助业务试点专用账簿、凭证，真实记录并全面反映信用互助业务试点业务活动和财务状况。

开展信用互助业务试点的农民专业合作社应当单独组织编制互助资金年度盈余分配方案、亏损处理方案以及财务会计报告，供社员查阅。

第二十五条　农民专业合作社开展信用互助业务试点实行独立核算、自负盈亏。信用互助业务在弥补亏损、提取公积金后的当年盈余为可分配盈余，可分配盈余按交易额比例返还为主的原则进行分配，具体分配办法按照章程规定或者经社员大会决议确定。

第二十六条　开展信用互助业务试点的农民专业合作社，应当选择 1 家银行业机构，作为其互助资金存放、支付及结算的唯一合作托管银行，并在托管银行新开立或用原来已经在托管银行开立过的"一般存款账户"专门用于对信用互助资金进行核算结算，确保日常生产经营资金与信用互助资金隔离。

农民专业合作社及其监管部门应当与合作托管银行签订三方合作协议，合作托管银行应当为农民专业合作社信用互助业务试点提供业务指导、风险预警、财务辅导等服务。

第二十七条　开展信用互助业务试点的农民专业合作社，归集和发放互助金以及结算均通过合作社在托管银行开立的信用互助账户转账处理，原则上不允许进行现金交易。

第二十八条　有条件的农民专业合作社，可以与合作托管银行深入开展合作。经双方协商，合作托管银行可以为农民专业合作社信用互助业务试点提供必要的流动性支持，满足其季节性临时资金需求。

第二十九条　开展信用互助业务试点的农民专业合作社不得对外吸收存款，不得对外发放贷款，涉嫌非法集资的由有关部门依法处理。农民专业合作社开展信用互助业务试点，应将信用互助业务部作为其信用互助业务唯一经办场所，不得对外设立营业柜台，禁止进行大额现金交易，禁止现金在办公场所过夜。

第五章　监督管理

第三十条　开展信用互助业务试点的农民专业合作社应当按月向县（市、区）地方金融监管部门报送相关业务和财务报表数据，按年度报送合作社经营状况。农民专业合作社的法定代表人，应当对经其签署报送的上述报表的真实性承担责任。

第三十一条　开展信用互助业务试点的农民专业合作社的理事、监事、经理和信用互助业务部经理、财务人员应当具有从事信用合作所必备的知识和经验，各级地方金融监管部门应当定期组织相关业务培训。信用互助业务部经理和财务人员上岗前应通过地方金融监管部门组织的从业知识考试。

第三十二条　农民专业合作社开展信用互助业务试点应将资格认定书悬挂

在经营场所明显位置，以接受社员和社会监督。

监管部门要建立社会监督举报制度，及时受理投诉举报，并将处理结果予
以公布。

第三十三条 农民专业合作社在开展信用互助业务试点过程中发生社员大
额借款逾期、被抢劫或诈骗、管理人员涉及严重违法犯罪等重大事项，或农民
专业合作社自身发生可能影响信用互助业务试点的重大事项时，应当立即采取
应急措施并及时向县（市、区）地方金融监管部门报告。

第三十四条 监管部门根据履行职责的需要和监管中发现的问题，可以与
农民专业合作社的理事、监事、经理和信用互助业务部经理、财务人员进行监
管谈话，要求其就业务活动和风险管理等重大事项作出说明。上级监管部门发
现合作社信用互助业务试点存在问题的，可视风险严重程度，通过风险提示
函、监管约谈建议函、整改意见函、风险处置意见函等方式，向下级监管部门
提出监管意见，并由县级监管部门具体督促合作社整改。

第三十五条 县（市、区）地方金融监管部门根据审慎监管的要求，有
权依照有关程序和规定，采取下列措施对开展信用互助业务试点的农民专业合
作社进行现场检查：

（一）进入农民专业合作社进行检查；

（二）询问农民专业合作社的工作人员，要求其对有关检查事项作出
说明；

（三）查阅、复制与检查事项有关的文件、资料，对可能被转移、藏匿或
者毁损的文件、资料予以封存；

（四）检查农民专业合作社电子计算机业务数据管理系统。

第三十六条 设区市地方金融监管部门应当建立健全信用互助业务试点的
信息资料收集、整理、统计分析制度，督促辖内县（市、区）地方金融监管
部门及试点合作社接入省金融综合服务信息平台，及时录入合作社基本信息和
信用互助业务数据，对互助资金来源和用途、社员变化、风险情况等进行持续
监测，按月向省地方金融监管局报送统计数据。

第三十七条 农民专业合作社在开展信用互助业务试点过程中出现违法违
规行为，监管部门应根据《山东省地方金融条例》及相关配套制度给予相应
处罚；构成犯罪的，由司法机关依法追究法律责任。

第三十八条　设区市和县（市、区）地方金融监管部门应当会同有关部门建立信用互助业务试点突发事件的发现、报告和处置制度，制定处置预案，及时有效处置信用互助业务试点突发事件，并及时向同级政府和上级监管部门报告重大风险事件和处置情况。

第三十九条　开展信用互助业务试点的农民专业合作社可建立行业自律组织，履行自律、维权、服务等职责。

省地方金融监管局负责对开展信用互助业务试点的农民专业合作社的行业性自律组织进行业务指导。

第四十条　农民专业合作社开展信用互助业务试点有违法经营、经营管理不善等情形，将严重危害经济社会秩序、损害公众利益的，由县（市、区）地方金融监管部门终止其试点资格。开展信用互助业务试点的农民专业合作社经社员大会表决可以自愿退出试点。

农民专业合作社信用互助业务试点因被终止试点资格或自愿退出试点的，应当向县（市、区）地方金融监管部门缴回资格认定书。

第六章　附则

第四十一条　本办法由山东省地方金融监督管理局负责解释。

第四十二条　本办法自 2019 年 7 月 11 日起施行，有效期至 2022 年 7 月 10 日。

（2019 年 6 月 10 日印发）

中共四川省委农村工作委员会 四川省供销合作社联合社关于印发 《关于扩大农村资金互助组织试点的意见》的通知

关于印发《关于扩大农村资金互助组织试点的意见》的通知

各市（州）党委、政府，各市（州）农工委（办）、供销合作社联合社：

《关于扩大农村资金互助组织试点的意见》已经省领导同意，现印发你们，请遵照执行。

中共四川省委农村工作委员会四川省供销合作社联合社

2015 年 7 月 14 日

关于扩大农村资金互助组织试点的意见

为大力促进我省农村合作经济快速发展，探索合作金融实现新途径，根据中央和省委有关深化农村改革的决策部署，经省委农工委和省供销合作社联合社研究决定，拟在全省选取管理民主、运行规范、带动力强的农民专业合作社或联合社作为发起社，继续扩大农村资金互助试点，稳妥开展农民合作组织内部资金互助。

一、统一思想，充分认识开展资金互助的重要意义

农村资金互助组织是在农民专业合作社或联合社内部开展的非金融性质合作经济组织。近年来，随着现代农业加快发展和新型农业经营主体大量涌现，农村融资难、融资贵现象突出，已经成为农村发展的瓶颈制约。根源在于农民缺乏融资贷款的有效抵押担保物，融资成本高、门槛高、手续多。迫切要求充

分尊重基层群众的首创精神，大力支持农村资金互助组织试点，丰富农村融资服务类型，为促进现代农业发展和农民群众增收致富提供有力的融资保障。

发展农村资金互助组织，是丰富合作经济内涵，完善农村融资服务体系的创新性改革工作。2015 年中央"一号文件"提出："积极探索新型农村合作金融发展的有效途径，稳妥开展农民合作社内部资金互助试点，落实地方政府监管责任"。省委、省政府对此高度重视，将继续创新试点列为深化农村改革重要举措。依托农民专业合作社或联合社开展内部资金互助，可以充分借助农村熟人社会特有的业缘、地缘、亲缘条件，发挥微、众、小的特征，实现融资方便、快捷、成本低廉，满足农村结构多样化的融资需求，填补商业金融、政策性金融的服务空间。

发展农村资金互助组织，是农村合作经济发展的重要组成部分，与生产、销售合作构成了"三位一体"新型合作经济体系，有利于丰富合作经济的内涵，有利于提升合作经济的凝聚力，壮大合作经济的实力，加快培育现代农业经营主体。与曾经的"合作基金会"相比，不仅在服务对象上有严格的限制，而且资金来源、内部管理等方面有明确的政策要求，要按照"社员制、封闭性"原则，开展农村资金互助组织试点，探索农村合作金融发展新路子。

二、精心试点，确保资金互助组织健康发展

开展农民专业合作组织内部资金互助试点，既要有勇于担当的改革精神，也要有风险防范的底线思维，力争把风险降低到最低程度。各地要认真准备，精心试点，促进资金互助组织健康发展。

（一）优选试点主体。资金互助组织要依托农民专业合作组织，对专业合作组织的选择，要坚持以下标准：一是运行规范。专业合作组织要按照有关法律、法规规定，建有完备的治理结构、民主决策制度和财务管理制度。二是带动能力强。专业合作组织要有一定规模，具有一定的资金积累。主导产业成熟，发展优势明显。三是社会信誉度高。专业合作组织社会信用优良，理事、监事、经理等中高层管理班子无不良经营记录，社会公信度和认同度高。

（二）坚持政策边界。严格按照社员制、封闭性、不追求过高回报的政策底线，严守政策边界，确保农村资金互助组织规范运营。要坚持自愿平等原则，体现民办、民管、民受益、民担风险的合作制原则，健全"三会"制度，形成权力配置结构和权力运行机制。要坚持入社条件和程序吸纳社员，不片面地追求发展速度和资金规模。要以满足成（社）员融资需求，助力产业发展为首要经营目标，坚持封闭运行，不对外吸储放贷，不以追求过高回报搞变相集资，确保资金互助风险可控。

（三）加强指导监督。要加强调研和政策研究，保护群众的改革热情，总结推广成功经验，形成农村改革的良好氛围。要加强业务指导与监管，规范业务流程，形成统一的业务操作体系与规范化的业务操作标准。要运用现代信息技术创新监管手段，提高监管效率，完善监管制度。要加强对农村资金互助组织的业务培训力度，努力提高从业人员业务水平与能力。

三、加大支持，努力营造资金互助发展环境

各地要加强领导，优化环境，大力扶持，确保资金互助试点工作取得实际成效。

（一）强化组织领导。各地要按照全面深化改革的要求，切实加强组织领导，出台支持发展相关政策，明确职能部门，推动农村资金互助组织发展驶入快车道。各级农工委（办）要把资金互助组织发展作为改革抓手，积极协调各方力量统筹推进。各级供销社要加大对农村资金互助组织的具体业务指导，规范、统一业务标准和管理办法。发展农村资金互助组织作为一项农村改革试点工作，实行属地管理原则。农村资金互助组织试点单位由市（州）政府审定，或由市（州）政府授权市（州）级部门、县（市、区）政府审定。

（二）优化社会环境。各地要以农民专业合作组织的标准，对农村资金互助组织实施税收减免等优惠政策，提供登记注册便利条件，简化办事手续和流程。要主动协调银行金融机构与资金互助组织的合作力度，在批发贷款、业务代办等领域优势互补，互利共赢。要正确区分非法集资与资金互助的差别，保护资金互助组织的正常经营活动，努力营造加快改革、有利发展良好氛围。

（三）加大资金扶持。各地要在资金扶持、信息服务、基础设施建设等方面给予大力支持。要建立必要的风险补偿基金，增强资金互助组织风险抵抗能力，化解运营风险。省委农工委、省供销合作社联合社要协调各地和有关部门，根据农村资金互助组织股本金规模大小，给予一定的财政资金补助，补助资金用于充实资本金和开办费用补贴。

附件：农村资金互助组织改革试点管理指引

农村资金互助组织是以农民专业合作社或联合社为基础，吸纳社员自愿加入，实行自我管理、自我服务、自担风险的合作经济组织。为搞好农村资金互助组织改革试点，规范其依法、合规经营，根据《中华人民共和国农民专业合作社法》、中国银监会《农村资金互助社管理暂行规定》等有关规定，制定本指引。

第一章　成立

第一条　农村资金互助组织应由农民专业合作社或联合社以发起方式设立。其名称由所在地行政区划、字号、行业和组织形式依次组成。

第二条　设立农村资金互助组织应符合以下条件：

（一）有符合本规定要求的章程；

（二）有 10 名以上符合本规定社员条件要求的发起人，其中发起社须为市级以上农民专业合作社示范社；

（三）注册资本不低于 50 万元，且为实缴资本；

（四）有符合任职资格的理事、经理和具备从业条件的工作人员，"两代表一委员"优先；

（五）有符合要求的安全防范设施和与业务有关的其他设施；

（六）有符合规定的组织机构和管理制度。

第三条　农村资金互助组织申请筹建，应向审定部门提交以下文件、资料：

（一）筹建申请书；

（二）筹建方案；

（三）发起人协议书；

（四）监督管理机构要求的其他文件、资料。

第四条　获准筹建农村资金互助组织的发起社需在 90 日内确定托管银行、验资、登记注册、章程起草以及相关管理制度制定等。

第五条　农村资金互助组织章程应载明业务范围、股本金及股权设置、社员资格及入社、退社和除名、社员的权利和义务、组织机构及其产生办法、职权和议事规则、财务管理和盈余分配、亏损处理重大事项。

第六条　农村资金互助组织可在工商行政管理部门或民政部门办理注册登记。

第二章　审定

第七条　农村资金互助组织改革试点实行属地管理，实行谁审定、谁管理、谁负责的主体责任体系。市（州）政府，或由市（州）政府授权的县（市、区）政府、授权部门是审定部门。

第八条　农村资金互助组织吸纳新社员、增加股本金、开办新的业务类型，均要报经审定部门同意。

第三章　内控

第九条　农村资金互助组织是独立的法人实体，并以其社员股本金和在本组织的社员积累为限对债务承担责任。

第十条　农村资金互助组织不得设立分支机构。

第十一条　农村资金互助组织实行社员民主管理，以满足社员融资需求、服务"三农"为经营宗旨，实现保本、微利、可持续，不追求经济利益最大化。

第十二条　加入农村资金互助组织的各社员必须是发起社的社员，需递交入社申请，并按章程表决通过加入。

第十三条　农村资金互助组织的每个社员持股比例不得超过股本金总额的10%。

第十四条　农村资金互助组织应向社员颁发记名股金证，作为社员的入股凭证。社员享有《章程》规定的权利，并履行相应义务。

第十五条　农村资金互助组织社员参加社员大会，享有一票基本表决权；出资额较大的社员按照章程规定可以享有附加表决权。该社的附加表决权总票数，不得超过该社社员基本表决权总票数的20%。

第十六条　农村资金互助组织社员的股金和积累可以转让、继承和赠与，但理事、监事和经理持有的股金和积累在任职期限内不得转让。

第十七条　农村资金互助组织社员大会由全体社员组成，是该组织的权力机构。社员超过100人的，可以由全体社员选举产生不少于31名的社员代表组成社员代表大会，社员代表大会按照章程规定行使社员大会职权。

第十八条　农村资金互助组织社员大会（社员代表大会）行使以下职权：

（一）制定或修改章程；

（二）选举、更换理事、监事以及不设理事会的经理；

（三）审议通过基本管理制度；

（四）审议通过社员与股本金变动方案和重大业务变动方案；

（五）审议批准年度工作报告；

（六）审议决定固定资产购置以及其他重要经营活动；

（七）审议批准年度财务预、决算方案和利润分配方案、弥补亏损方案；

（八）审议决定管理和工作人员薪酬；

（九）对合并、分立、解散和清算等做出决议；

（十）章程规定的其他职权。

第十九条　农村资金互助组织召开社员大会或社员代表大会，出席人数应当达到社员总数三分之二以上。

第二十条　农村资金互助组织社员大会或社员代表大会每年至少召开一次。特殊情形之下，可召开临时社员大会或代表大会。

第二十一条　农村资金互助组织社员大会（社员代表大会）做出决议，应当由该社社员（社员代表）表决权总数过半数通过；做出修改章程或者合并、分立、解散和清算的决议应当由社（成）员表决权总数的三分之二以上通过。章程对表决权数有较高规定的，从其规定。

第二十二条　理事长为农村资金互助组织的法定代表人。执行与农村资金互助组织业务有关公务的人员不得担任农村资金互助社的理事长、经理和工作人员。

第二十三条　农村资金互助组织应设立由社员、捐赠人以及向其提供融资的金融机构等利益相关者组成的监事会，其成员一般不少于3人，设监事长1人。监事会按照章程规定对农村资金互助组织的经营活动进行监督。经理和工作人员不得兼任监事。

第二十四条　农村资金互助组织要严格按照社员制、封闭性、不追求过高回报的政策底线。不得吸收非社员入社，不得高于银行存款利率吸收互助金，不得超社员发放贷款，不得以该社资产为其他单位或个人提供担保。

第二十五条　农村资金互助组织的资金均要存放托管银行专项账户，资金往来接受托管银行监督。

第二十六条　农村资金互助组织以向社员发放贷款为基本业务，满足社员贷款需求后确有富裕的可购买国债或金融债券。

第二十七条　农村资金互助组织根据安全因素考虑，应按互助金和股本金总额一定比例合理核定库存现金限额。

第二十八条　农村资金互助组织应审慎经营，严格进行风险管理：

（一）资本充足率不得低于8%；

（二）对单一社员户的贷款总额不得超过资本净额的15%；

（三）对单一成员社的贷款总额不得超过资本净额的20%；

（四）对前十大社贷款总额不得超过资本净额的50%；

（五）资产损失准备充足率不得低于100%；

（六）监督管理机构规定的其他审慎要求。

第二十九条　农村资金互助组织执行国家有关专业合作经济组织的财务制度和会计准则，设置会计科目和法定会计账册，进行会计核算。在分配中应体现多积累和可持续的原则，当年未分配利润应全额计入社员积累，按照股本金份额量化至每个社员。

第三十条　农村资金互助组织监事会负责对本组织进行内部审计，审计结果应当向社员大会报告。社成员大会或代表大会可以聘请中介机构进行审计。

第四章　外管

第三十一条　农村资金互助组织的合法权益和依法开展经营活动受法律保护，任何单位和个人不得侵犯。

第三十二条　农村资金互助组织从事经营活动，应遵守有关法律法规和国家金融方针政策，诚实守信，审慎经营，自觉接受审定部门和业务指导管理部门的监管。

第三十三条　农村资金互助组织应按期向审定部门和业务指导管理部门报送业务和财务报表、报告及相关资料，并对所报报表、报告和相关资料的真实性、准确性、完整性负责。

第三十四条　审定部门和业务指导管理部门按照审慎监管要求对农村资金互助组织进行持续、动态监管。对违反上述规定的，应责令其改正，并商请审定部门进行处罚；对理事、经理、工作人员的违法违规行为，可视不同情形，给予直至终身不得从事的处分；构成犯罪的，移交司法机关，依法追究刑事责任。有关处罚细则另行研究。

本指引由省委农工委、省供销合作社联合社负责解释。

附录 3

贵州省农村资金互助合作组织
管理暂行办法（征求意见稿）

第一章　总则

第一条　为加强贵州省农村资金互助合作组织管理，切实防范和化解风险，引导其规范运行和健康发展，根据《中华人民共和国农民专业合作社法》《企业法人登记管理条例》《贵州省促进供销合作社发展条例》和《中共中央国务院关于深化供销合作社综合改革的决定》（中发〔2015〕11 号）《中共贵州省委贵州省人民政府关于深化供销合作社综合改革的实施意见》（黔党发〔2016〕5 号）、《中国银监会 农业部 供销合作总社关于引导规范开展农村信用合作的通知》（银监发〔2014〕43 号）等法律法规和规范性文件，制定本办法。

第二条　本办法所称农村资金互助合作组织，是指由供销合作社（以下简称供销社）或者其所属企业作为主发起人在贵州省境内依法依规设立，为社员提供资金互助（信用合作）服务的股金服务组织。

本办法所称社员是指，承认供销合作社和股金服务组织章程，自愿入股，符合本办法规定的自然人、法人或其他经济组织。

第三条　农村资金互助合作组织立足于服务"三农"，以服务社员为宗旨，严格遵循社员制、封闭性，不对外吸储放贷，不支付固定回报，运行规范和风险可控的原则。

第四条　农村资金互助合作组织依法取得独立法人资格，对由社员股金、经营积累及合法取得的其他资产所形成的法人财产，享有占有、使用、收益和处分的权利，并以上述财产独立承担法律责任。

第五条　农村资金互助合作组织及其社员的合法权益和依法开展经营活动受法律保护，任何单位和个人不得侵犯。

第六条　农村资金互助合作组织从事经营活动，应遵守有关法律法规和国家金融方针政策，诚实守信，审慎经营，依法接受监管部门和主管部门的管理。

第七条　农村资金互助合作组织实行属地管理原则。县级人民政府是本辖区内农村资金互助合作组织监督管理、风险防范处置的第一责任人。地方金融监管部门是本辖区内农村资金互助合作组织的监管部门，县级以上供销社为本系统内农村资金互助合作组织主管部门，其他有关部门按照本办法各司其职。

第八条　贵州省农村合作金融组织协会作为省级行业自律组织，履行行业自律、维权、服务、协调等职责。

第二章　设立和变更

第九条　农村资金互助合作组织开展资金互助业务，原则上应在其注册所在地范围内进行。其名称由所在地行政区划、字号、行业和组织形式依次组成，应符合《企业名称登管理》的有关规定。

第十条　设立农村资金互助合作组织，应具备下列条件：

（一）有符合本办法规定的章程；

（二）有符合本办法规定社员条件要求的发起人（设立人）。农村资金互助合作组织的主发起人必须是供销社或者供销社所属企业，供销社有资本合计持股比例不低于51%，其他单个参与发起人持股比例不超过20%；

（三）有符合本办法规定的注册资本。在省级设立的注册资本金不低于3 000万元人民币，市（州）级不低于1 000万元人民币，县级不低于500万元人民币，乡（镇）级不低于200万元人民币，注册资本金必须为实缴货币资金；

（四）有符合任职条件的理事、监事、高级管理人员和具备相应专业知识及从业经验的从业人员；

（五）有符合规定的组织机构、内部控制制度和风险管理制度；

（六）有符合要求的营业场所，安全防范措施和与业务有关的其他设施；

（七）其他有关规定条件。

第十一条　农村资金互助合作组织申请筹建，应当提供以下资料：

（一）筹建申请书和方案；

（二）发起人协议书或报告；

（三）章程（草案）；

（四）管理制度；

（五）拟任理事、监事和高级管理人员的任职资格证明材料；

（六）营业场所、安全防范设施等相关资料；

（七）监管部门要求的其他文件、资料。

第十二条　农村资金互助合作组织章程应载明以下事项：

（一）名称和住所；

（二）业务范围和经营宗旨；

（三）注册资本和股权设置；

（四）社员资格及入社、退社和除名；

（五）社员的权利和义务；

（六）组织机构及其产生办法、职权和议事规则；

（七）财务管理和盈余分配、亏损处理；

（八）解散事由和清算办法；

（九）需要规定的其他事项。

第十三条　拟任理事、监事和高级管理人员应具备下列资格条件：

（一）具有完全民事行为能力的自然人；

（二）近三年无重大违法违规记录和不良信用记录；

（三）具有履职所需的经济金融知识、从业经验及专业技能，熟悉并遵守有关法律法规；

（四）具备大专以上（含大专）学历，并有金融类企业工作 2 年以上或者从事相关经济工作 3 年以上工作经验；

（五）法律法规和规章规定的其他审慎性条件。党政机关、国有企（事）业单位工作人员（含离退休人员），拟在农村资金互助合作组织任（兼）职的，除符合以上条件外，须经有管理权限的组织人事部门同意或批准，兼职人员不得领取报酬。

第十四条　拟任理事、监事和高级管理人员资格证明由主管部门初审后，报送当地监管部门审批。

第十五条　农村资金互助合作组织及其分支机构的筹建申请由主管部门初步审查，当地监管部门进行审批。农村资金互助合作组织应当到市场监督管理部门办理企业名称预先核准，原则上同一行政区划内同级农村资金互助合作组织设置不能超过一家，因特殊情况需要超额设置的，须经同级人民政府审核同意。

第十六条　获准筹建的农村资金互助合作组织应当在90日以内确定合作托管银行、制定章程和相关管理制度等，召开成立大会，发起成立农村资金互助合作组织，到市场监督管理部门办理注册登记，注册登记类型为农民专业合作社或集体所有制企业。注册登记手续办理完毕后5个工作日以内向批准其成立的监管部门报备。超过90日未成立并办理登记的，筹建批复失效。

第十七条　农村资金合作合作组织有下列变更事项之（一）、（二）的，应当报当地监管部门备案；有下列变更事项（三）、（四）、（五）的，应当报当地监管部门审批：

（一）变更组织名称；

（二）变更组织住所（在原注册地行政区划内变更住所）；

（三）变更股权结构或注册资本的；

（四）变更法定代表人、理事、监事和高级管理人员；

（五）调整业务范围及变更住所（变更至原注册地行政区划外）。

第三章　社员管理

第十八条　自然人向农村资金互助合作组织入股应符合以下条件：

（一）具有完全民事行为能力；

（二）承认供销合作社章程和农村资金互助合作组织章程；

（三）入股资金为自有资金且来源合法，达到章程规定的入股金额范围；

（四）自然人户口所在地或经常居住地，原则上应当在农村资金互助合作组织注册所在地域范围；

（五）监管部门规定的其他条件。

第十九条　法人和其他经济组织向农村资金互助合作组织入股应符合以下条件：

（一）注册地或主要经营场所，原则上应当在农村资金互助合作组织注册所在地域范围；

（二）具有良好的信用记录；

（三）近三年经营状况良好；

（四）承认供销合作社章程和农村资金互助合作组织章程；

（五）入股资金为自有资金且来源合法，达到章程规定的入股金额范围；

（六）监管部门规定的其他条件。

第二十条　农村资金互助合作组织社员分为发起人社员和普通股社员。发起人社员由主管部门批准，普通股社员由农村资金互助合作组织批准。主管部门应建立社员入社和退社审批制度。农村资金互助合作组织应置备社员名册，并向入股社员颁发社员证和记名股金证。

第二十一条　农村资金互助合作组织要建立社员退出机制，对于存在严重违法、违纪违规、违反有关农村资金互助合作组织管理规定，应当进行除名。

第四章　运营管理

第二十二条　农村资金互助合作组织以发起人股本金和吸纳社员股金、接受捐赠和政府投入作为资金主要来源。

第二十三条　农村资金互助合作组织不得向非社员吸纳和调剂股金，不得以组织资产为其他单位或个人提供担保。

第二十四条　社员股金的吸纳应遵循下列原则：

（一）社员入股必须以货币出资，不得以实物或其他方式入股；

（二）吸纳的社员股金总额不超过资本净额的 10 倍；

（三）单一社员入股金额不超过股金总额的10%；自然人社员交纳股金额最高不超过 100 万元；法人社员交纳股金额最高不超过 500 万元。

第二十五条　社员股金的使用应遵循下列原则：

（一）社员股金的调剂对象必须是社员；

（二）社员股金调剂应坚持"分散、短期"原则，一般不超过一年，服务于社员的生产经营及生活需要；

（三）社员股金调剂必须签订社员股金调剂合同；调剂社员股金业务原则上应办理抵押、质押等担保手续；

（四）社员股金不得用于工资、奖金等管理费用开支；不得用于支付贷款利息、提供担保等；不得用于股票、期货、外汇、基金等证券类投资，不得用于国家政策及法律法规禁止的行业；

（五）股金占用费率由农村资金互助合作组织依照法律法规、产业收益、风险系数综合确定，农村资金互助合作组织主管部门每年下达控制线，并实行差别管理，调剂扶持第一产业的占用费率应当以保本微利为原则。

第二十六条　农村资金互助合作组织应建立健全法人治理结构，明确社员（代表）大会、理事会、监事会、经理班子的职责和议事规则。

第二十七条　农村资金互助合作组织执行国家有关财务制度和会计准则，设置会计科目和法定会计账册，进行会计核算。

第二十八条　农村资金互助合作组织应将资金存放合作托管银行，并根据业务经营需要，考虑安全因素合理核定库存现金限额。经监管部门批准，可以与合作托管银行开展资金融通合作，协助合作托管银行办理贷前审查、贷后管理。经双方协商，合作托管银行可以为农村资金互助合作组织提供必要的流动性支持，满足其季节性临时性资金需求。

第五章　监督管理和风险防范

第二十九条　地方金融监管、市场监管、公安、财政、税务、住建、供销社、自然资源、交通运输、人行、银保监等部门，在职责范围内依法履行下列监管职责：

（一）地方金融监管部门负责农村资金互助合作组织的设立、变更和退出的审查、政策指导、日常监管、风险防范，以及相关管理政策的制定，对农村资金互助合作组织进行持续、动态监管，向同级政府及上级地方金融监管部门报告工作；

（二）县级以上供销社负责本系统农村资金互助合作组织的设立、变更和终止等事项的初审，开展日常业务指导、协调和服务；

（三）人行分支机构应依法做好农村资金互助合作组织遵守和执行人行职责范围内相关规章制度的督促和指导；

（四）银保监部门应加强对农村资金互助合作组织的调查研究，积极向上争取有利于促进农村资金互助合作组织健康发展的支持政策，并指导辖区内银行业金融机构与农村资金互助合作组织的业务合作；

（五）市场监管部门要依法做好农村资金互助合作组织的注册登记，并加强信用监管，依法查处违反市场监督管理法律法规的行为；

（六）公安部门应加强对农村资金互助合作组织金融违法行为的打击力

度，维护金融环境和社会稳定；

（七）自然资源、交通运输、住建等部门应做好对农村资金互助合作组织开展业务办理土地及房产抵押、动产质押及其他权利抵（质）押登记服务工作；

（八）财政部门应配合主管部门研究制定对农村资金互助合作组织的扶持政策；

（九）税务部门按规定对农村资金互助合作组织给予相关税收优惠；

（十）其他法律法规、规章、规范性文件规定应由有关部门履行的监督管理职责。

第三十条　农村资金互助合作组织应当按照审慎经营原则，制定各项业务规则和操作流程，建立健全内部控制机制和社员之间相互监督机制，严格进行风险管理。

（一）对单一社员股金调剂总额不超过资本净额的 20%；

（二）建立准备金制度。按吸纳股金总额的 10% 提取风险准备金，按年末调剂股金余额的 2.5% 计提坏账准备金。风险准备金应专户存储，不得用于调剂。省、市（州）、县级供销社应制定系统内农村资金互助合作组织风险准备金管理办法，切实加强风险准备金的统筹和管理；

（三）农村资金互助合作业务只能由本组织经营，不得将业务承包、转包、租赁或授权给其他单位、组织或个人；

（四）监督管理部门的其他审慎性要求。

第三十一条　农村资金互助合作组织应建立健全相关管理制度，明确资金调剂前调查、调剂中审查、调剂后跟踪检查等审查程序，规范从业人员岗位职责，增强社员风险意识。

第三十二条　按照风险可控原则要求，为增强农村资金互助合作组织风险整体防控能力，省、市（州）、县级供销社建立股金调剂中心（或股金服务社联合社），对成员单位面临紧急风险资金需求时开展临时资金调剂，及时防控和化解风险。

第三十三条　农村资金互助合作组织应将营业证照悬挂在经营场所明显位置，以接受社员和社会监督。监管部门要建立社会监督举报制度，及时受理投诉举报，并将处理结果予以公布。

第三十四条　主管部门应当建立农村资金互助合作组织内部审计制度，组织开展常规审计、专项审计和理事会主任、总经理离任经济责任审计。社员大会（社员代表大会）也可以聘请具有相应资质的中介机构对本单位进行审计。

第三十五条　监管部门根据履行职责的需要和监管中发现的问题，可以与农村资金互助合作组织的理事、监事、总经理等高管人员进行监管谈话，要求其就业务活动和风险管理等重大事项作出说明。

第三十六条　监管部门和主管部门可以依照有关程序和规定，采取下列措施对农村资金互助合作组织进行现场检查：

（一）进入农村资金互助合作组织检查；

（二）询问工作人员，要求其对有关检查事项作出说明；

（三）查阅、复制与检查事项有关的文件、资料，对可能被转移、藏匿或者毁损的文件、资料予以封存；

（四）检查电子计算机业务管理数据系统。

第三十七条　监管部门和主管部门应当会同有关部门建立农村资金互助合作组织重大经营风险和突发事件的发现、报告和处置制度，制定处置预案，及时有效防控和处置，并及时向同级政府、上级监管部门和主管部门报告有关情况。

第三十八条　农村资金互助合作组织主管部门应当认真履行业务指导、管理等职责，协助监管部门做好监督管理工作。

第三十九条　农村资金互助合作组织应当参与行业自律组织，并遵守自律组织的行业规定。贵州省农村合作金融组织协会作为农村资金互助合作组织的省级自律组织，应当履行下列职责：

（一）制定自律规则、行业标准和业务规范并组织实施；

（二）建立行业惩戒制度，监督检查会员行为，督促会员依法合规经营；

（三）依法维护会员合法权益，反映会员诉求；

（四）制定统一的会计、统计报送规则，汇总行业数据；

（五）定期向业务监督及主管部门报送行业发展情况；

（六）建立行业内的信息沟通机制，组织开展业务、技术、信息等方面的交流与合作；

（七）组织从业人员培训，进行开展从业人员专业能力评定工作；

（八）组织推动行业评级工作；

（九）开展宣传交流活动，总结推广行业先进典型；

（十）推动建立行业风险防控机制；

（十一）其他法律法规、规章、规范性文件规定可以由协会履行的职责。

第六章　信息披露

第四十条　农村资金互助合作组织应按照规定向社员披露社员股金和积累情况、财务会计报告、调剂及经营风险情况、投融资情况、盈利及其分配情况、案件和其他重大事项。

第四十一条　农村资金互助合作组织应当建立重大事项报告制度和应急管理制度，在下列重大事项发生时，立即采取应急措施并及时向监管部门和主管部门报告：

（一）因经营不善等原因出现严重亏损；

（二）本组织及工作人员涉嫌严重违法犯罪；

（三）社员大额借款逾期、商业欺诈行为等面临重大损失；

（四）可能出现群体性事件；

（五）监管部门和主管部门规定的其他情形。

第四十二条　农村资金互助合作组织应按季度向属地主管部门和监管部门报送业务和财务报表、报告及相关资料，并对所报报表、报告和相关资料的真实性、准确性、完整性负责。

第四十三条　市（州）、县级地方金融监管部门应当建立健全资金互助业务信息资料收集、整理、统计分析制度，建立动态监测系统，对互助资金来源和用途、盈余分配、社员变化、风险情况等进行持续监测，按季度向上级地方金融监管部门报送数据。

第七章　法律责任

第四十四条　农村资金互助合作组织违反法律规定和有关监管规定，有关法律法规有处罚规定的，依照其规定给予处罚；有关法律法规未作处罚规定的，监管部门和主管部门可以按照职责分工采取监管谈话、出具警示函、责令限期改正、责令暂停相关业务等措施；涉嫌犯罪的，移交有关部门依法处理。

第四十五条　农村资金互助合作组织监管部门、主管部门和有关部门不正确履行对农村资金互助合作组织的法定监管、主管职责或者滥用职权、玩忽职守、徇私舞弊的，应当对有关责任人依法给予政务处分；涉嫌犯罪的，移交有关部门依法处理。

第八章 附则

第四十六条 各市（州）、县级人民政府可根据本办法规定，结合实际情况制定具体实施办法。

第四十七条 本办法施行前已成立的各类农村资金互助合作组织应按照本办法要求抓紧整改，监管部门应结合实际确定整改过渡期，在整改过渡期内，监管部门和主管部门要加强指导监督，促使其平稳过渡。

第四十八条 本办法所称不超过、不低于、以内，包括本数。

第四十九条 本办法由贵州省地方金融监督管理局负责解释。

第五十条 本办法自年月日起施行。

参考文献

[1] 毕雪嵘. 重建合作制的信用合作社 [D]. 太原: 山西财经大学, 2018: 55.

[2] 曾红萍, 曾凡木. 移民村庄的社会资本培育与金融互助社发展 [J]. 西北农林科技大学学报 (社会科学版), 2020, 20 (2): 19 – 25.

[3] 曾庆芬. 农地抵押融资模式与区域经验 [J]. 中央财经大学学报, 2016 (1): 41 – 49.

[4] 陈东平, 叶焱. 能人领办型合作社内信用合作的达成机理探究——基于万叶水产合作社的案例分析 [J]. 农村经济, 2019 (1): 132 – 138.

[5] 陈东平, 张雷, 高名姿. 互联性交易与股份合作制专业合作社内信用合作契约治理研究——以旺庄果品专业合作社为例 [J]. 农业经济问题, 2017, 38 (5): 28 – 35.

[6] 程京京, 辛文玉, 杨伟坤. 资金互助组织如何不触犯法律红线?——河北盛源农民合作社调查 [J]. 银行家, 2015 (3): 105 – 107.

[7] 董晓林, 徐虹, 易俊. 中国农村资金互助社的社员利益倾向: 判断、影响与解释 [J]. 中国农村经济, 2012 (10): 69 – 77.

[8] 范鹏辉. 专业合作社内部资金互助风险防控的 "黄山模式" 调研报告 [D]. 蚌埠: 安徽财经大学, 2019: 64.

[9] 傅绍文, 邓秋云. 剩余控制权理论综述 [J]. 经济学动态, 2004 (11): 91 – 96.

[10] 高强, 张照新. 日本、韩国及中国台湾信用合作运行模式、发展经验与启示 [J]. 中国农村经济, 2015 (10): 89 – 96.

[11] 关永强. 农本局合作金库与近代农村金融建设 [J]. 华南农业大学

学报（社会科学版），2014，13（2）：142-147.

［12］洪正．新型农村金融机构改革可行吗？——基于监督效率视角的分析［J］．经济研究，2011，46（2）：44-58.

［13］侯鹏，赵翠萍，张良悦．内生型农村合作金融的经验借鉴——以日本为例［J］．世界农业，2016（7）：63-67.

［14］胡庆琪．日本农协金融及其对中国的启示［D］．延吉市：延边大学，2009：43.

［15］华楚慧，陈东平．社会网络、关系契约与农民资金互助组织治理有效性——以江苏省滨海县樊集资金互助社为例［J］．江苏农业科学，2018，46（9）：360-362.

［16］黄迈，谭智心，汪小亚．当前中国农民合作社开展信用合作的典型模式、问题与建议［J］．西部论坛，2019，29（3）：70-79.

［17］黄晓红．农户借贷中的声誉作用机制研究［D］．杭州：浙江大学，2009：242.

［18］贾晋，申云．农村资金互助社的最优互助金规模研究［J］．华南农业大学学报（社会科学版），2017，16（2）：47-59.

［19］姜妮．农民合作社信用合作问题及对策研究［D］．沈阳：沈阳农业大学，2016：54.

［20］蒋干达．合作社内部信用合作的实践与探索——以江苏省宜兴市为例［J］．中国农民合作社，2015（8）：29-30.

［21］蒋永穆，王丽程．新中国成立70年来农村合作金融：变迁、主线及方向［J］．政治经济学评论，2019，10（6）：78-94.

［22］鞠荣华．信用合作演变规律和运行机制的国际比较与借鉴［M］．北京：经济科学出版社，2018.

［23］李萍．日本农村金融体系分析［D］．哈尔滨：吉林大学，2015：46.

［24］李微．山东省农村信用合作社体制变动研究（1949-1978）［D］．济南：山东大学，2015：209.

［25］刘世定．低层政府干预下的软风险约束与"农村合作基金会"［J］．社会学研究，2005（5）：26-52.

［26］刘松涛，王林萍．新《农协法》颁布后日本农协全面改革探析［J］．现代日本经济，2018（1）：25 – 36.

［27］刘西川．农民合作社发展信用合作的必要性和三条"硬杠杠"［J］．中国农民合作社，2016（11）：16 – 18.

［28］刘西川，陈立辉，杨奇明．村级发展互助资金：目标、治理要点及政府支持［J］．农业经济问题，2015，36（10）：20 – 27.

［29］刘西川，钟觅琦．合作金融组织剩余控制权安排的另一种可能——分权型及半阁村实例［J］．财贸经济，2018，39（10）：91 – 104.

［30］罗兴，马九杰．不流于美好愿望：金融企业家与合作金融组织供给困境的破解［J］．中国农村经济，2019（8）：54 – 71.

［31］毛飞等．合作社发展与农村金融创新［M］．北京：中国农业出版社，2018.

［32］聂左玲，汪崇金．专业合作社信用互助：山东试点研究［J］．农业经济问题，2017，38（11）：23 – 30.

［33］庞金波，陈慧芳，范琳琳等．韩国农协合作金融事业对中国农民资金互助组织发展的启示［J］．世界农业，2016（5）：176 – 180.

［34］齐良书，李子奈．农村资金互助社相关政策研究——基于社员利益最大化模型的分析［J］．农村经济，2009（10）：55 – 60.

［35］申龙均，韩忠富．韩国综合农协对我国发展农民综合合作社的启示［J］．经济纵横，2014（5）：104 – 107.

［36］宋剑飞．农会在台湾乡村治理中的功能研究［D］．开封：河南大学，2016：69.

［37］孙同全．从制度变迁的多重逻辑看农民资金互助监管的困境与出路［J］．中国农村经济，2018（4）：41 – 53.

［38］田杰，陈彬森，靳景玉．合作社内部信用合作风险管控与治理改进：柔性治理或刚性治理——以山东佳福合作社为例［J］．农村经济，2019（6）：98 – 106.

［39］汪小亚，帅旭．农民专业合作社信用合作的模式及现实选择［J］．中国农村金融，2012（14）：54 – 57.

［40］王成琛，陈东平．专业合作社内资金互助避险模式比较——基于2

家农民专业合作社的案例分析 [J]. 江苏农业科学, 2017, 45 (3): 286 - 289.

[41] 王昉, 韩丽娟. 20世纪20—40年代中国农村合作金融中的信用管理思想 [J]. 中国经济史研究, 2017 (4): 88 - 100.

[42] 王刚贞. 我国农村资金互助社的监管效率分析 [J]. 华东经济管理, 2015, 29 (6): 95 - 99.

[43] 王剑锋, 周子彦, 吕文哑. 农村金融模式多样化创新的合约逻辑——一个基于发展和监督视角的比较案例分析 [J]. 中国地质大学学报 (社会科学版), 2020, 20 (5): 119 - 130.

[44] 吴烨, 余泉生. 信息结构、融资渠道与农村金融改革 [J]. 世界经济文汇, 2015 (4): 111 - 120.

[45] 徐祥临. 发展合作金融 破解农民贷款难瓶颈 [J]. 国家治理, 2019 (2): 15 - 22.

[46] 许黎莉, 陈东平. 农民专业合作社内信用合作激励机制研究——基于联合利润增加值的案例比较分析 [J]. 内蒙古社会科学 (汉文版), 2019, 40 (4): 118 - 124.

[47] 游碧蓉, 吴东阳. 刚性治理与柔性治理: 农村合作金融的选择 [J]. 福建农林大学学报 (哲学社会科学版), 2018, 21 (6): 35 - 40.

[48] 苑鹏. 合作社民主管理制度的意义和面临的挑战 [J]. 中国农民合作社, 2010 (6): 16 - 17.

[49] 苑鹏, 彭莹莹. 农民专业合作社开展信用合作的现状研究 [J]. 农村经济, 2013 (4): 3 - 6.

[50] 张德元, 潘纬. 农民专业合作社内部资金互助行为的社会资本逻辑——以安徽J县惠民专业合作社为例 [J]. 农村经济, 2016 (1): 119 - 125.

[51] 张雷, 陈东平. 生产合作声誉与信用合作道德风险控制 [J]. 华南农业大学学报 (社会科学版), 2018, 17 (2): 83 - 94.

[52] 张维迎. 所有制、治理结构及委托—代理关系——兼评崔之元和周其仁的一些观点 [J]. 经济研究, 1996 (9): 3 - 15.

[53] 张照新等. 农民合作社内部信用合作实践探索与发展思路 [M]. 北京: 中国发展出版社, 2018.

[54] 赵锦春, 包宗顺. 互助金规模与农民资金互助合作社的稳健运

行——基于股权结构的面板门限回归分析 [J]. 农业技术经济, 2015 (12): 16 – 31.

[55] 赵科源, 魏丽莉. 以合作金融为着力点 推进供销社改革 [J]. 理论视野, 2016 (12): 78 – 80.

[56] 钟觅琦, 刘西川. 农村资金互助社大股东模式研究: 欣禾案例 [J]. 金融发展研究, 2018 (11): 56 – 61.

[57] 朱乾宇, 罗兴, 马九杰. 我国台湾地区农业信用保证的制度安排及启示 [J]. 农业经济问题, 2015, 36 (2): 52 – 59.

[58] 刘洁, 张洁. 日本农村合作金融体系的构建及其对我国的启示 [J]. 现代日本经济, 2013 (3): 29 – 36

[59] 陈东平, 倪佳伟, 周月书. 行动者网络理论下农民资金互助组织形成机制分析 [J]. 贵州社会科学, 2013 (6): 116 – 121.

[60] 董玄, 孟庆国, 周立. 混合型组织治理: 政府控制权视角——基于农村信用社等涉农金融机构的多案例研究 [J]. 公共管理学报, 2018, 15 (4): 68 – 79.

[61] 高强, 张照新. 日本、韩国及中国台湾信用合作运行模式、发展经验与启示 [J]. 中国农村经济, 2015 (10): 89 – 96.

[62] 江生忠, 费清. 日本共济制农业保险制度探析 [J]. 现代日本经济, 2018, 37 (4): 23 – 34.

[63] 李明贤, 周蓉. 社会信任、关系网络与合作社社员资金互助行为——基于一个典型案例研究 [J]. 农业经济问题, 2018 (5): 103 – 113.

[64] 李巧莎, 张杨. 日本农村合作金融发展、改革及启示 [J]. 现代日本经济, 2017 (3): 42 – 51.

[65] 刘松涛, 罗炜琳, 王林萍, 等. 日本农村金融改革发展的经验及启示 [J]. 亚太经济, 2018 (4): 56 – 65.

[66] 申龙均, 韩忠富. 韩国综合农协对我国发展农民综合合作社的启示 [J]. 经济纵横, 2014 (5): 104 – 107.

[67] 徐祥临. 借鉴日本农协基本理论与经验发展我国三位一体农民合作经济组织 [J]. 马克思主义与现实, 2015 (1): 183 – 186.

[68] Fishman A. Financial Intermediaries as Facilitators of Information Ex-

change between Lenders and Reputation Formation by Borrowers [J]. *International Review of Economics and Finance*, 2009, 18 (2): 301 – 305.

[69] Conning J H. Financial Contracting and Intermediary Structures in a Rural Credit Market in Chile: A Theoretical and Empirical Analysis [Z]. ProQuest Dissertations Publishing, 1996.

[70] Fama E F, Jensen M C. Agency Problems and Residual Claims [J]. *The Journal of Law & Economics*, 1983, 26 (2): 327 – 349.

[71] Grossman S J, Hart O D. The Costs and Benefits of Ownership: A Theory of Vertical and Lateral Integration [J]. *Journal of Political Economy*, 1986, 94 (4): 691 – 719.

[72] Hart O, Moore J. The Governance of Exchanges: Members' Cooperatives Versus Outside Ownership [J]. *Oxford Review of Economic Policy*, 1996, 12 (4): 53 – 69.

[73] Holmstrom B, Tirole J. Financial Intermediation, Loanable Funds, and the Real Sector [J]. *The Quarterly Journal of Economics*, 1997, 112 (3): 663 – 691.

[74] Mckillop D, Ferguson C. An Examination of Borrower Orientation and Scale Effects in UK Credit Unions [J]. *Annals of Public and Cooperative Economics*, 1998, 69 (2): 219 – 242.

[75] Smith D J, Cargill T F, Meyer R A. Credit Unions: An Economic Theory of a Credit Union [J]. *The Journal of Finance*, 1981, 36 (2): 519 – 528.

[76] Tirole J. *The Theory of Corporate Finance* [M]. Princeton, NJ: Princeton University Press, 2006.